Angelika Taube

FESTUNG KÖNIGSTEIN

Edition Leipzig

Bildnachweis
© Manchester Art Gallery: S. 82; akg-images / euroluftbild.de: S. 6; Archiv Festung Königstein gGmbH: S. 13, 14 o., 25, 26, 27, 28 o. und u., 33, 34, 35, 37, 38, 40 u., 41, 42, 44, 45, 46, 48 o. und u., 50, 58, 59, 60, 64 o. und u., 65 o., 67, 71, 77, 83, 84, 85, 86, 88, 89, 93, 94, 96, 97, 98, 99 o. und u., 102, 103 o. und u., 109, 110, 111, 112, 113, 114, 116; Herbert Boswank, Dresden: Umschlagmotiv vorn, S. 1, 8, 14 u., 19, 31, 47 o. und u., 61, 63, 65 u., 91, 100, 101; Peter Mauksch, Grafik-Design, Pirna: S. 120/121; SLUB Dresden / Deutsche Fotothek, Loos, Hans: S. 16; SLUB Dresden / Deutsche Fotothek, Richter, Regine: S. 52, 54; SLUB Dresden / Deutsche Fotothek: S. 18, 21, 22, 23, 24, 32, 40 o., 43, 49, 51, 57 o. und u., 76, 78, 79, 80 o. und u.

Impressum
Umschlagmotiv vorn: Festung Königstein, Westbebauung
Frontispiz: Barockes Portal am Torhaus

Bibliografische Information der Deutschen Nationalbibliothek
Die Deutsche Nationalbibliothek verzeichnet diese Publikation in der Deutschen Nationalbibliografie; detaillierte bibliografische Daten sind im Internet über http://dnb.dnb.de abrufbar.

ISBN 978-3-361-00698-0

© 2014 by Edition Leipzig in der Seemann Henschel GmbH & Co. KG

Die Verwertung der Texte und Bilder, auch auszugsweise, ist ohne Zustimmung der Rechteinhaber urheberrechtswidrig und strafbar. Dies gilt auch für Vervielfältigungen, Übersetzungen, Mikroverfilmungen und für die Verarbeitung mit elektronischen Systemen.

Umschlaggestaltung: Lambert und Lambert, Düsseldorf
Layout / Satz: Gisela Kirschberg, Berlin
Reproduktionen: Medien Profis GmbH, Leipzig
Druck / Bindung: Werbedruck GmbH Horst Schreckhase, Spangenberg

INHALT

7	Perle der Sächsischen Schweiz
11	Die mittelalterliche Burganlage
15	Die erste und einzige Eroberung
18	Das Kloster des Lobes der Wunder Mariae
21	Von der Burg zur Festung
32	Ort höfischer Repräsentation im 17. Jahrhundert
41	Die Zeit Augusts des Starken
51	Berühmte Staatsgefangene des 18. Jahrhunderts
57	Militärische Verstärkungsbauten vor und nach dem Siebenjährigen Krieg
66	Sächsische Bauern als Baugefangene
68	Die Rheinbundfestung
72	Gefängnis für bürgerliche Demokraten im 19. Jahrhundert
81	Militärisches und ziviles Leben auf der Festung
92	Der Ausbau zum Sperrfort des Deutschen Reiches
108	Das Ende der militärischen Festungsgeschichte
113	Vom Jugendwerkhof zum Kulturdenkmal
117	Erläuterungen zum Rundgang mit Lageplan
127	Ausgewählte Quellen und Literatur
128	Was man wissen sollte

Die Festung hoch über der Elbe und der Stadt Königstein

PERLE DER SÄCHSISCHEN SCHWEIZ

Die Festung Königstein liegt inmitten einer der reizvollsten Landschaften Sachsens – des Elbsandsteingebirges. Schweizer Maler, die Ende des 18. Jahrhunderts an die Kunstakademie nach Dresden gekommen waren, verglichen dieses Gebiet mit ihrer Heimat, dem Schweizer Jura, und prägten den Begriff »Sächsische Schweiz«. Einheimische Naturfreunde und Heimatforscher griffen diesen Namen voller Stolz auf und gaben ihn weiter, sodass er heute die offizielle Bezeichnung für das Landschaftsschutzgebiet ist. Die Schönheit der Natur liegt hier vor allem in der Vielfalt ihrer Formen. Wildromantische Felsreviere wechseln mit ausgedehnten Ebenheiten, auf denen Tafelberge thronen. Die sich durch die Landschaft schlängelnde Elbe und die an ihr liegenden Ortschaften verleihen dem Landstrich einen besonderen, lieblichen Reiz.

Die Festung Königstein, auf dem gleichnamigen Tafelberg gelegen, ist seit mehr als 100 Jahren eines der beliebtesten Ausflugsziele in Sachsen. Das 9,5 Hektar große Felsplateau mit seinen zum Teil mehr als 400 Jahre alten Bauten erhebt sich 240 Meter über dem Elbspiegel und 361 Meter über dem Meeresspiegel. Ein Rundgang entlang der Mauerkrone ist zu jeder Jahreszeit ein Erlebnis. Bei klarem Wetter hat der Besucher einen fantastischen Ausblick in alle Himmelsrichtungen. Während im Südwesten die Ausläufer des Osterzgebirges erkennbar sind, reicht der Blick in südlicher Richtung hinein bis in die Böhmische Schweiz. Der Hohe Schneeberg, ein lang gestrecktes Felsmassiv mit Aussichtsturm, liegt bereits in Tschechien. Die Grenze verläuft hier in einer Entfernung von etwa 12 Kilometern. In gleicher Richtung, jedoch in unmittelbarer Nähe der Festung, erhebt sich der Quirl – vom Königstein getrennt durch die Biela und den an ihr sich lang hin-

Pfaffendorf in der Abendsonne, im Hintergrund der Papststein, der Gohrisch, der Kleine und der Große Zschirnstein sowie der Pfaffenstein (v. l. n. r.)

streckenden Ortsteil Hütten. Südöstlich davon folgen der Pfaffenstein, der Gohrisch, der Papststein und die Kleinhennersdorfer Steine mit den gleichnamigen Ortschaften. Zwischen dem Pfaffenstein und dem Gohrisch sind in der Ferne der Große und der Kleine Zschirnstein sichtbar.

Ist der Besucher an der Königsnase, dem östlichsten Felsvorsprung, angekommen, kann er die Aussicht auf die Stadt Königstein, die Elbe und den gegenüberliegenden Lilienstein sowie das hintere Gebiet der Sächsischen Schweiz genießen.

Die Geschichte der Stadt ist in vielfacher Hinsicht mit der des »Steins«, wie man den gleichnamigen Felsen jahrhundertelang nannte, verbunden. In den folgenden Kapiteln wird im Einzelnen darauf einzugehen sein. An dieser Stelle sei nur auf die wichtigsten gewerblichen und kulturellen Traditionen Königsteins verwiesen. Vom 16. bis zu Beginn des 19. Jahrhunderts spielte die Weberei eine große Rolle als Erwerbsquelle. Zeitweise arbeiteten hier 30 Meister mit mehr als 40 Webstühlen. Zahlreiche Einwohner ernährten sich aber auch von der Steinbrecherei. Der gewonnene Sandstein war nicht nur in der sächsischen Residenz begehrtes Baumaterial, sondern wurde auch exportiert – z. B. nach Berlin zum Bau des Brandenburger Tores, nach Hamburg und sogar nach Kopenhagen. Ebenfalls eine über die Stadt hinausgehende Bedeutung hatten die Königsteiner Bierbrauereien. Der Ruf des hiesigen Bieres war so gut, dass der Dresdner Hof zu den besten Kunden zählte. Mitte des 18. Jahrhunderts ging wöchentlich ein Bierschiff ab nach Dresden. Weitere Erwerbsmöglichkeiten waren durch die Elbe und die Biela gegeben. Neben der Schifffahrt und der Holzflößerei ist auch die Fischerei zu nennen. Bemerkenswert scheint, dass noch zu Beginn des 20. Jahrhunderts in der Elbe Lachse gefangen wurden. Die Bemühungen, sie heute wieder heimisch zu machen, zeigen erste Erfolge. Nicht unerwähnt seien die Gießhütten an der Biela, in denen seit dem 15. Jahrhundert Eisen gegossen wurde. Schließlich trugen die Einführung der Personenschifffahrt (1837) und der Bau der Eisenbahn (1848–1851) zur Entwicklung des Fremdenverkehrs in Königstein bei. Heute besitzt die etwa 2200 Einwohner zählende Stadt eine Papierfabrik, ein Gewerbegebiet mit einer Großbäckerei und zwei kunststoffverarbeitenden Betrieben sowie kleinere und größere Handwerksbetriebe, unter denen die Baubranche einen wichtigen Stellenwert hat.

In kultureller Hinsicht kann die Stadt vor allem auf reiche musikgeschichtliche Traditionen zurückblicken. Mehrere namhafte Komponisten, Instrumentalisten und Musikwissenschaftler wurden in Königstein geboren bzw. haben hier gewirkt. Zu ihnen gehören der Komponist und Hoforganist Christian Pezold (1677–1733), der Kreuzkantor Julius Otto (1804–1877), der Bassist und Mitstreiter Robert Schumanns im Kreis der Davidsbündler Franz Otto (1809–1842), der Konzertmeister Hermann Franke (1848–1913), die Komponisten und Pianisten bzw. Organisten Fritz von Bose (1865–1945), Georg Schumann (1866–1952) und Camillo Schumann (1872–1946) sowie die Bachforscher Wilhelm Werker (1873–1948) und Werner Neumann (1905–1991).

Als Urlaubsort ist Königstein besonders bei Wanderfreunden und Bergsteigern beliebt. Zahlreiche Wanderwege nehmen hier ihren Anfang. Blickt man von der Königsnase über die Stadt hinweg stromaufwärts, erkennt man in der Ferne eines der bekanntesten Wander- und Klettergebiete der Sächsischen Schweiz, die Schrammsteine. Wie dunkle Schatten heben sich die Felsen vor dem Kleinen und dem Großen Winterberg ab. Links neben den Schrammsteinen ragt einzeln der Falkenstein auf, die Hohe und die Kleine Liebe schließen sich an. Nordwestlich des Liliensteins liegt ein weiteres sehr bekanntes Klettergebiet und Ausflugsziel, die Bastei. Unterhalb derselben, versteckt hinter den Bärensteinen und dem Rauenstein, fließt die Elbe in Richtung Dresden. Mit dieser Stadt ist die Geschichte der Festung Königstein ebenfalls aufs Engste verbunden. Bei guter Fernsicht kann man nicht nur den Fernsehturm, sondern sogar den Rathausturm der ehemaligen sächsischen Residenz und heutigen Landeshauptstadt wahrnehmen. Fast immer sichtbar, weil näher gelegen, ist Pirna, dessen Neubauten vom Sonnenstein aus den Königstein grüßen.

DIE MITTELALTERLICHE BURGANLAGE

Nach jüngsten Erkenntnissen war der Königstein ebenso wie der Pfaffenstein bereits in der Bronzezeit besiedelt. Der benachbarte Lilienstein war kurzzeitig in der frühen Eisenzeit bewohnt.

Gegen Ende des 6. Jahrhunderts stießen die Slawen in das Elbsandsteingebirge vor. An diese Zeit erinnern heute noch zahlreiche Orts-, Berg- und Flussnamen – z. B. Pirna, Gottleuba, Wehlen, Schandau, Ostrau, Gohrisch, Zschirnstein, Polenz, Wesenitz, Biela und Kirnitzsch. Anstelle der jetzigen Stadt Königstein befand sich damals wahrscheinlich eine Siedlung namens Kamenec (Stein). Es ist zwar nicht bewiesen, aber durchaus möglich, dass auf dem später Königstein genannten Tafelberg bereits eine slawische Burganlage stand. Durch seine günstige Lage im Winkel zweier zusammenstoßender Täler, des Elb- und des Bielatals, war dieser Felsen dazu wie geschaffen.

Im Zuge der Kolonisation kamen in der zweiten Hälfte des 12. Jahrhunderts deutsche Siedler in das Gebiet der Sächsischen Schweiz und unterwarfen die slawische Bevölkerung. Durch Rodungen auf den Ebenheiten entstanden in dieser Zeit neue Dörfer (z. B. Thürmsdorf, Kleinhennersdorf, Uttewalde, Hohburkersdorf). Die Bauernführer handelten dabei im Auftrag von Siedelherren, die wiederum diese Gebiete vom böhmischen König als Lehen erhalten hatten, denn nahezu der ganze Landstrich befand sich damals in böhmischem Besitz. Da dieses Land Grenzland zur Markgrafschaft Meißen war und außerdem von drei wichtigen Verkehrswegen – der alten Salzstraße Prag–Pirna–Magdeburg, der großen Lausitzer Straße Nürnberg–Zittau und der Elbe als Wasserstraße – durchzogen wurde, hatte es eine außerordentliche wirtschaftliche und strategische Bedeutung. Zur Verwaltung und zum Schutz des Landes ließen die böhmischen Könige Burgen errichten und besetzten sie mit Burggrafen.

Da der »Stein« besonders geeignet schien, wurde auch er zu einer festen Burg ausgebaut. Ihre erste namentliche Erwähnung fällt in das Jahr 1241. König Wenzel I. von Böhmen siegelte am 7. Mai dieses Jahres »in lapide regis« (»auf dem Stein des Königs«) die Oberlausitzer Grenzurkunde, in der der Grenzverlauf zwischen dem Bistum Meißen und dem Königreich Böhmen festgelegt wurde. Eine frühere Erwähnung scheint eine Urkunde Wenzels I. aus dem Jahr 1233 für die Prager Domkirche zu bieten: Als Zeuge einer Schenkung wird neben dem Burggrafen von Dohna ein »Gebhardus purgravius de Lapide«, also ein »Burggraf Gebhard vom Stein«, erwähnt. Mit dem »Stein« ist wahrscheinlich der Königstein gemeint.

Später wird ein »castrum in lapide«, also eine Burg auf dem Stein, genannt. Zu ihrer Versorgung entstand am Fuße des lapis regis, des Königsteins, ein Marktflecken, der zur Keimzelle der späteren Stadt wurde. Deren erste urkundliche Erwähnung erfolgte im Jahr 1379, als König Wenzel IV. den »Kunigstein mit dem stetil« an Thimo von Colditz verpfändete.

Zwanzig Jahre zuvor hatte sich Kaiser Karl IV. für kurze Zeit auf dem Königstein aufgehalten und einige Urkunden gesiegelt. Auf ihn geht die Bezeichnung »Kaiserburg« für den Vorgängerbau der Georgenburg zurück. Wahrscheinlich hatte er diesen Bau, der auch Schloss genannt wurde, als Zeichen der Festigung seiner Macht und Stärke neu errichten lassen. Wie berichtet wird, liebte Karl IV. den Königstein – sicher nicht zuletzt wegen der ausgezeichneten Jagdmöglichkeiten, die sich ihm hier boten. Seit dieser Zeit gab es an der Westseite des Steins, zu beiden Seiten der Schlucht, in der später der Festungsaufgang angelegt wurde, zwei feste Wohngebäude: die Kaiserburg auf der einen und das Berghaus auf der anderen Seite. Letzteres diente dem Burggrafen wahrscheinlich als Wohnung. An dieser

Stelle befindet sich jetzt das Kommandantenhaus. Beide Gebäude waren an der dem Plateau zugewandten Seite von einem Burggraben umgeben und damit gut zu verteidigen. Den Zugang zur Kaiserburg vermittelte eine Brücke am nördlichen Ende des Grabens. Die Schlucht zwischen den Gebäuden überbrückte ein einfacher Wehrgang.

Über den Zugang zur gesamten Burganlage gibt es leider noch keine gesicherten Erkenntnisse. Bisher wurde vermutet, dass sich der Aufgang an der Südseite des Königsteins, nahe dem jetzigen Alten Zeughaus, befand. Darauf scheinen sowohl die natürliche Beschaffenheit des Felsens, der dort stark zerklüftet und somit leicht begehbar war, als auch ein noch heute sichtbarer, zugesetzter Torbogen in der äußeren Festungsmauer hinzudeuten. Dem steht die große Entfernung dieses vermutlichen Aufgangs zur eigentlichen Burg, nämlich der Kaiserburg und dem Berghaus, entgegen. Man hätte den ganzen Tafelberg überqueren müssen, um zum Hauptgebäude zu gelangen. Ein Aufgang in der Nähe desselben wäre eher denkbar. Der zugemauerte Torbogen an der

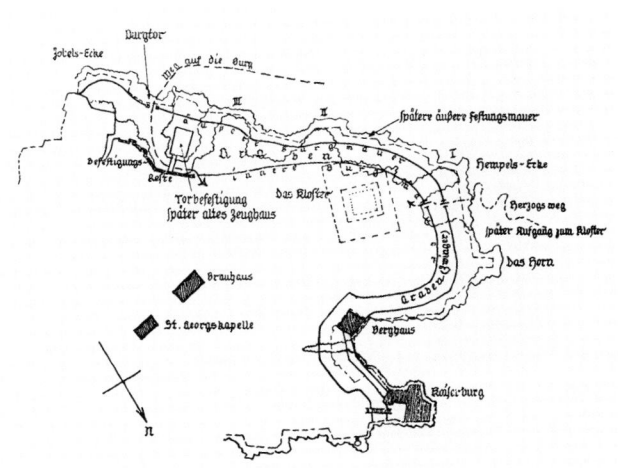

Skizze zur Burganlage nach Heinrich Schuster

Zugesetztes ehemaliges Burgtor
an der Südseite

Südseite kann unter Umständen auch mit dem Festungsbau ab 1589 in Zusammenhang stehen.

Außer den genannten Gebäuden, von denen nichts erhalten geblieben und über deren Aussehen und Ausstattung uns auch nichts überliefert ist, existierte auf dem Königstein bereits im Mittelalter eine Burg- bzw. Pfalzkapelle. Das ergab eine Untersuchung der Garnisonskirche, in der noch romanische Bausubstanz erhalten ist. Die den Triumphbogen tragenden Säulen, das Chorfenster, Kämpferprofile und ein Türbogenfeld an der äußeren Südwand konnten eindeutig als romanisch identifiziert werden.

Die Kapelle gehörte dem romanischen Saalraumtyp mit gerade schließendem Chorquadrat an und muss um 1200 entstanden sein. Sie stellt damit ungeachtet aller späteren Um- und Anbauten das älteste Architekturdenkmal der Burg bzw. Festung dar.

Romanisches Türbogenfeld
an der Südseite der Garnisonskirche

DIE ERSTE UND EINZIGE EROBERUNG

Die erste und gleichzeitig einzige Eroberung des Königsteins erfolgte zu Beginn des 15. Jahrhunderts im Zusammenhang mit der Dohnaischen Fehde, in deren Folge die Burg den Besitzer wechselte. Damals standen sich der Burggraf Jeschke von Dohna, Hauptmann auf dem Königstein und Anhänger des im Jahre 1400 abgesetzten deutschen Königs Wenzel IV., und der Markgraf Wilhelm I. von Meißen als Feinde gegenüber. Während Wilhelm I. danach trachtete, das böhmische Grenzland seiner Mark einzuverleiben, sann Jeschke auf Rache wegen der Beteiligung des Markgrafen am Bündnis gegen Wenzel IV. So ließ er beispielsweise Kaufmannswagen im markgräflichen Gebiet plündern, was den Unwillen Wilhelms I. hervorrief. Durch das provokante Verhalten Jeschkes beim sogenannten Adelstanz in Dresden um Martini 1401 erreichte die Spannung zwischen beiden ihren Höhepunkt. Auf besagtem Ball tanzte Jeschke mit der Gattin des Ritters Rudolph von Körbiz auf Meusegast und benahm sich dabei dermaßen verliebt, dass Körbiz, der hinter ihm tanzte, ihm ein Bein stellte. Daraufhin gab Jeschke Körbiz eine Ohrfeige. Dies veranlasste den Markgrafen, schlichtend einzugreifen. Jeschke fügte sich jedoch nicht dem Machtanspruch Wilhelms I., sondern bedrohte ihn mit Feuer und Schwert, worauf ihm Wilhelm ebenfalls mit Gewalt entgegentrat. Schließlich ordnete der Markgraf die Belagerung der Burg Dohna an und eroberte sie 1402. Jeschke entkam heimlich auf sein Schloss Weesenstein, von wo er auf den Königstein floh. Die markgräflichen Truppen folgten ihm auch hierher und setzten die Belagerung fort. Jeschke entkam abermals und suchte Schutz bei König Sigismund von Böhmen, welcher jedoch zugunsten des Markgrafen urteilte und den Burggrafen hinrichten ließ. Der Königstein wurde schließlich nach vierjähri-

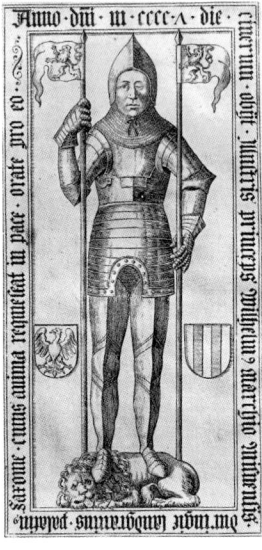

Wilhelm I., der Einäugige (1343–1407), Markgraf von Meißen. Grabplatte. Kupferstich eines unbekannten Stechers

ger Belagerung von den Truppen Wilhelms I. eingenommen und der Mark Meißen einverleibt. Die lange Belagerungszeit ist auf die bescheidenen Angriffswaffen der Belagerer zurückzuführen. Mit Armbrüsten, Spießen, Stein- und Handbüchsen war dem Königstein nicht beizukommen. Er galt damals als »vollständig fest« und war nur durch Aushungern zu bezwingen. Ein Jahr später gelang es Wenzel IV. noch einmal, die Burg zurückzugewinnen, doch 1408 verlor er sie ein zweites Mal, und diesmal endgültig. Der Königstein blieb von nun an ständig im Besitz der Wettiner. Im Vertrag von Eger wurde dieser Zustand 1459 rechtlich fixiert. Allerdings behielt sich Böhmen die Oberlehnshoheit vor, die erst 1806 mit der Erhebung Sachsens zum Königreich erlosch.

Unter wettinischer Herrschaft wurden im 15. Jahrhundert Amtleute bzw. Burgvögte zur Verwaltung und Verteidigung der Burg und des dazugehörigen Burgbezirks eingesetzt. Zur Pflege Königstein gehörten damals Struppen, Thürmsdorf, Naundorf, Weißig, Leupoldishain, Nikolsdorf, Pfaffendorf, Gohrisch, Papstdorf, Koppelsdorf, Kleinhennersdorf, Cunnersdorf, Krippen, Reinhardsdorf, Schöna und Kleingießhübel. Der Amtmann hatte die Pflicht, »die getruwen luthe zu schützen und sie widder recht oder alte gewohnheit nicht zu drangen«. Im Kriege befehligte er das Aufgebot seiner Vogtei, daneben oblag ihm die Aufsicht über den Burgbezirk. Knechte sorgten für die öffentliche Sicherheit, bewachten die Stromufer, halfen die Steuern und grundherrlichen Abgaben sowie die Zölle und Geleite einzutreiben und kontrollierten die Frondienste. Zur Erledigung der finanziellen Angelegenheiten stand dem Amtmann ein Schösser zur Seite. Dieser verwaltete auch die Proviant- und Munitionsbestände. Für das Jahr 1445 ist belegt, das »yff der Keißerburg eyne lade mit pfilscheften, 11 handbüchsen, Steinbüchsen, 2 Laden mit 8 Schock pfilen, 16 armborsten, 2 Fäßchen mit Pulver, eine halbe tonne halb mit Pulver« vorhanden waren. Ob diese Waffen jemals benutzt worden sind, ist nicht erwiesen.

Überliefert ist dagegen, dass im 15. Jahrhundert anstelle der heutigen Magdalenenburg ein Brauhaus existiert hat. 1445 sollen darin »eyne bruwepfanne, zwene botche, sieben bütten, zwei küle vaß, siebzehn halbe füderige und fünfzehn viertelige biervaß« gestanden haben. Um 1500 wurde die Brauerei jedoch stillgelegt.

Insgesamt lässt sich feststellen, dass die Wettiner im 15. Jahrhundert relativ wenig Interesse am Königstein hatten. Seit 1453 überließen sie ihn Adelsgeschlechtern als Lehen – allerdings mit Wiederkaufsrecht. Davon machte Herzog Georg der Bärtige um 1500 Gebrauch.

DAS KLOSTER DES LOBES DER WUNDER MARIAE

Als frommer Katholik, der im alten Glauben auch eine Stütze des Staates sah, beabsichtigte Herzog Georg, auf dem Königstein ein Kloster einzurichten. 1516 wurde dieser Gedanke in die Tat umgesetzt und der Königstein von zwölf Cölestinermönchen und einem Prior vom Oybin bezogen. Dieser Orden war für seine Gelehrsamkeit, seine Humanität und seinen unbescholtenen Lebenswandel bekannt. Die Gebäude des Klosters des Lobes der Wunder Mariae, zu dem Herzog Georg selbst den Grundstein legte, befanden sich auf dem westlichen Plateau, hinter »Hempels Eck«. Heute finden wir dort die Geschützstellungen der Batterie VIII. Zugänglich war das Kloster über den Herzogsweg, der von Westen her an den Felsen heranführte und an den noch drei zwischen »Hempels Eck« und dem »Horn« in den Fels gehauene Stufen erinnern. Hinter der heutigen Festungsmauer führte der Weg zu einer kleinen Pforte, durch die man in den Burggraben und von dort auf das Plateau gelangte. Die sogenannte Klosterpforte wurde vor etwa 100 Jahren

Altar Georgs des Bärtigen, linker Flügel: Herzog Georg der Bärtige (1471–1500–1539) mit seinen Schutzheiligen Jakobus d. Ä. und Petrus. Altargemälde von Lukas Cranach d. Ä. Meißen, Dom

Georgenburg von Südwesten. Die spätgotischen Vorhangbogenfenster im ersten Stock sind Architekturelemente der ehemaligen Kaiserburg

tief unter den Kasematten wieder entdeckt. Sie ist über Jahrhunderte unversehrt erhalten geblieben. Über ihre Entstehungszeit gibt es noch Zweifel. Sie könnte auch bereits vor der Einrichtung des Klosters vorhanden gewesen sein. Als Klosterkirche diente den Mönchen die alte romanische Burgkapelle.

Für seine gelegentlichen Aufenthalte auf dem Königstein ließ Herzog Georg die alte Kaiserburg instand setzen, die jetzt ein schlichtes spätgotisches Aussehen erhielt. Einzelne Architekturelemente – z. B. Vorhangbogenfenster im Erd- und ersten Obergeschoss an der Südwestseite und Portale mit Spitzbogenabschluss an der Arkadenseite und im Inneren – sind trotz mehrmaliger späterer Umbauten erhalten geblieben.

Das Kloster hatte jedoch nur eine kurze Lebenszeit. Nach dem Thesenanschlag Luthers an der Schlosskirche zu Wittenberg 1517 fand reformatorisches Gedankengut auch im albertinischen Sachsen Verbreitung. Die Mönche auf dem Königstein führten einen umfangreichen Briefwechsel, pflegten insbesondere Kontakte zu Brüdern in Nordböhmen, die wiederum Freunde und Anhänger Luthers waren. So verwundert es nicht, dass bereits 1523 die ersten Cölestiner den Königstein verließen; unter ihnen auch der Prior, Johannes Mantel, der nach Wittenberg ging. Als sich 1526 nur noch zwei Mönche auf dem Königstein befanden, wurde das Kloster aufgelöst. Bis 1539, dem Todesjahr Herzog Georgs, stand der Königstein unter Aufsicht eines Forstbeamten. Erst Herzog Heinrich, der seinem Bruder in der Regierung folgte, besetzte die Burg wieder mit einer Mannschaft und unterstellte sie dem Kommando eines Hauptmanns.

VON DER BURG ZUR FESTUNG

Mit dem Übergang vom Mittelalter zur Neuzeit und der damit verbundenen Entstehung von National- bzw. Territorialstaaten ging die Zeit der Burgen zu Ende. Ihre einstigen Funktionen als Wehrbau, Wohnsitz eines Herrschers bzw. einer Adelsfamilie und als Verwaltungszentrum gingen auf die Festung, das Schloss und die Kanzlei über. Während andere Burgen verfielen bzw. zur Bedeutungslosigkeit herabsanken, war der Königstein wegen seiner grenznahen Lage und seiner günstigen natürlichen Beschaffenheit für den Ausbau zur Festung prädestiniert. Die wichtigste Voraussetzung dafür war eine belagerungssichere Wasserversorgung. Daher ließ Kurfürst August in den Jahren 1563 bis 1569 von Freiberger und Marienberger Bergleuten unter Leitung des Bergmeisters Martin Planer einen Brunnen abteufen. In 152,5 Metern Tiefe war der Wasserzufluss so reichlich, dass die Bergleute nicht mehr weiterarbeiten konnten und die Versorgung der Festung auch als gesichert gelten durfte. Dieser Brunnen sollte rund 400 Jahre lang zuverlässig seinen Zweck erfüllen. Sein Durch-

Kurfürst August von Sachsen (1526–1553–1586). Gemälde von Lukas Cranach d. J., 1565. Staatliche Kunstsammlungen Dresden, Gemäldegalerie Alte Meister

Kurfürst Christian I. von Sachsen (1560–1586–1591). Gemälde (Detail) von Heinrich Göding, 1590. Staatliche Kunstsammlungen Dresden, Rüstkammer

messer beträgt oben wie unten 3,5 Meter, das Wasser strömt in 139 Metern Tiefe aus zwei seitlich ausgehauenen Strecken zu. Zur Entlüftung wurde in der Brunnenwand ein Schacht eingebaut. Nach Beendigung der Arbeiten erhielt Martin Planer vom Kurfürsten den Auftrag, ein Wasserhebewerk und zum Schutz des Brunnens ein Brunnenhaus zu bauen. Letzteres war damals nur ein bescheidener Holzbau. Dieser nahm den von Planer konstruierten Pferdegöpel auf.

Noch bevor im Jahre 1567 die Bergleute auf Wasser gestoßen waren, hatte Kurfürst August den Königstein vom Baumeister des Kaisers, Pietro Ferrabosco, auf seine Tauglichkeit zur Festung genauer untersuchen lassen. Obwohl das Gutachten denkbar positiv ausgefallen war und Ferrabosco auch gleich entsprechende Pläne zur Befestigung des Steins entwickelte, wurden vorerst in dieser Hinsicht keine weiteren Schritte unternommen. 1575 reichte Graf Rochus von Lynar, Festungsbaumeister in kursächsischen Diensten, einen weiteren Befestigungsvorschlag für den Königstein ein, den er politisch mit der »Türkengefahr« begründete. Doch auch dieser Vorschlag blieb unbeachtet. 1576 schließlich meldete der kurfürstliche Sekretär Hans Jenitz, »dass itzo der Königstein gar öde und wuste stehenn soll…«. Offensichtlich konnte sich August doch noch nicht dazu durchringen, an der Grenze zu dem mit Kursachsen bisher befreundeten Habsburg eine Landesfestung zu errichten, die zweifellos den Argwohn des Nachbarn heraufbeschworen hätte.

Dr. Nikolaus Krell,
Kanzler Kurfürst Christians I.
Gemälde eines
unbekannten Künstlers

Der außenpolitische Kurs änderte sich mit dem Regierungswechsel. Als Kurfürst August 1586 starb, übernahm dessen Sohn Christian I. das Staatsruder. Gemeinsam mit seinem Kanzler Dr. Nikolaus Krell, einem Calvinisten, betrieb er eine Politik, die nach außen durch Abkühlung des Verhältnisses zu Habsburg und stattdessen Annäherung an Frankreich sowie nach innen durch Begünstigung des Calvinismus und Zurückdrängen der Macht der Stände (Adel und Klerus) gekennzeichnet war. Insofern stellte die Politik Christians I. den nach Kurfürst Moritz nächsten Versuch dar, in Kursachsen den Absolutismus als Staatsform zu errichten, d.h., sich nach außen und innen zu emanzipieren und sich zum souveränen Herrscher zu machen. In dieses politische Konzept ist der Ausbau des Königsteins zur Festung einzuordnen. An der Grenze zum Königreich Böhmen gelegen, kam ihm eine wichtige Rolle in der Landesverteidigung zu. Gleichzeitig konnte er als Zwingburg gegenüber der Opposition in Sachsen dienen. Im Juni 1588 beauftragte Christian I. seinen Zeugmeister Paul Buchner, Pläne zur Befestigung des Königsteins auszuarbeiten und ein Modell anzufertigen. Danach sollte die »Circumferenz« (der Umfang) des Berges in acht bis zehn Strecken eingeteilt und an den Eckpunkten jeweils ein Turm gebaut werden, sodass man von einem zum anderen hätte sehen und schießen können. Ein neues Tor sollte errichtet, mit Kasematten und einer Streichwehr zur Aufnahme von Geschützen versehen und der ganze Berg mit einer Brustwehr, d.h. einer Mauer in Brusthöhe, umschlossen werden.

Paul Buchner (Puchner), Baumeister (1531–1607). Medaille von Tobias Wolf. Wien, Kunsthistorisches Museum

Als Besatzung waren ein Hauptmann und 20 bis 30 Soldaten sowie ein Verwalter vorgesehen.

Im Frühjahr 1589 wurde das große Werk in Angriff genommen. Da in unmittelbarer Umgebung nicht genügend Baufachleute vorhanden waren, wurden Boten ins Land geschickt, um »erkundigung zu nehmen, wie viel Mauer, Zimmerleut und Steinmetzen jedes orts anzutreffen«. Diesen wurde »uferleget«, sich »bis uf fernern bescheit einheimisch« zu halten. Nachdem der Kurfürst am 3. April 1589 eine 23 Punkte umfassende Bauordnung erlassen und dem Zeugmeister Paul Buchner die Bauleitung übertragen hatte, wurde am 4. April desselben Jahres der Anfang gemacht. Wenige Wochen darauf, am 10. Mai, erfolgte in Gegenwart Christians I. und seines Kanzlers Krell die Grundsteinlegung zur Christiansburg, der späteren Friedrichsburg. Dieses an der Elbseite gelegene, von Buchner entworfene, achteckige Renaissancegebäude bildete nach seiner Fertigstellung einen der acht Wachtürme und diente in erster Linie der Beobachtung und Flankierung der Elbseite. Zu diesem Zweck wurden im Erdgeschoss Geschütze aufgestellt. Das Obergeschoss, in das man über einen seitlich angebauten Wendelstein gelangte und von dem man einen wunderbaren Blick auf den Lilienstein und die Elbe hat, war von Anfang an kleinen höfischen Festlichkeiten vorbehalten und entsprechend gestaltet. Damit entsprach man ganz dem Geschmack der Zeit, denn um 1600 entstanden auf anderen sächsischen Festungen ähnliche »Lusthäuser«.

Ebenfalls 1589 begannen die Arbeiten an der Westseite des Königsteins. In der dort von der Natur geschaffenen Schlucht

Friedrichsburg, ursprünglich Christiansburg genannt, von Osten

gedachte Buchner den neuen Aufgang anzulegen. Zu diesem Zweck ließ er die Schlucht erweitern und darüber das Torhaus – ein fast u-förmiges, zweimal geknicktes Gebäude – errichten. Dieses sperrt noch heute wie ein Riegel den darunter liegenden Auf-

Georgenburg (l.), Streichwehr (Mitte) und zweifach geknicktes Torhaus, dessen rechter Flügel als Kommandantenhaus bezeichnet wird

gang und bot günstige Verteidigungsmöglichkeiten. Da etwa zur gleichen Zeit alle früheren Aufgänge zugemauert wurden, ist dieser neue Aufgang seit 1589 der einzige Zugang zum Plateau. Allerdings lag sein Niveau ursprünglich einige Meter höher. Zur Verbesserung der Abwehrmöglichkeiten wurde er im 18. Jahrhundert noch einmal vertieft und erhielt damit sein heutiges Aussehen, einschließlich des barocken Portals.

Gleichzeitig mit dem Torhaus entstand an dessen Nordseite die Streichwehr, welche die Verbindung zur alten Kaiserburg (heute Georgenburg) herstellte. Wie der Name sagt, diente die Streichwehr der Bestreichung (Beschießung) des Aufgangsbereiches vor dem Tor. Beide Gebäude – Torhaus und Streichwehr – besitzen mächtige gewölbte Keller, zum Teil in zwei Geschossen, in denen sich die »Stücke« (Geschütze) befanden. Zugänglich waren diese Keller über eine Rampe an der Ostseite der Streichwehr. Erd- und Obergeschosse dagegen dienten Wohnzwecken. Bedingt durch ihre militärischen Aufgaben ist die architektonische Gestaltung der »Westbebauung« denkbar schlicht. Als nahezu einziger äußerer Schmuck weisen die Rustika-Quaderung der Portale und die Fenstergewände auf die Renaissance hin.

Alte Kaserne von Südosten

Ein weiteres sehr wichtiges Gebäude, das ebenfalls im Jahr 1589 entstand, war die Alte Kaserne. Das 112 Meter lange »Hauß vor die Guard« wurde bereits im Frühjahr 1590 bezogen. Ursprünglich handelte es sich nur um einen Erdgeschossbau mit 64 gleich großen, in doppelter Reihe angeordneten, gewölbten Räumen. Anfangs waren diese jeweils einzeln belegt und sowohl von der Nord- als auch von der Südseite aus zugänglich. Später bildeten jeweils zwei hintereinander gelegene Räume eine Wohnung für eine Soldatenfamilie. Während der weiterhin direkt von außen zugängliche Raum an der Nordseite als Flur und Küche benutzt wurde, diente der nach Süden gelegene, nun mit zwei Fenstern und einem Hängeboden versehene Raum Wohn- und Schlafzwecken.

Als letztes Bauwerk in der Regierungszeit Christians I. wurde 1591 zur zusätzlichen Sicherung des Festungsaufganges unmittelbar vor dem Torhaus ein aus dicken Mauern bestehendes, in seinen Abmessungen aber bescheidenes Sperrwerk in Form eines Winkels – ein Ravelin – errichtet. Dieses war kasemattiert und diente der Aufnahme von Geschützen. Mit dem Torhaus war es durch eine Zugbrücke verbunden. Im Zusammenhang mit der Tieferlegung des Aufganges im 18. Jahrhundert wurde dieses kleine Ravelin abgebrochen und durch zwei größere, heute noch vorhandene Außenwerke ersetzt.

Altes Zeughaus von Südosten

Altes Zeughaus, Saal mit toskanischen Säulen

Die gleichzeitige Arbeit auf den drei genannten Baustellen – Christiansburg, Alte Kaserne und Torhaus / Streichwehr / Ravelin – und die Fertigstellung dieser Objekte in nur drei Jahren waren nur durch ein Riesenaufgebot an Arbeitskräften zu bewerkstelligen. Wie schon bemerkt, wurden diese auch aus der weiteren Umgebung herangezogen. Im Sommer 1589 waren insgesamt

216 »Werckleute«, d. h. ausgebildete Fachkräfte, auf dem Königstein tätig – darunter 15 Bergleute, 16 Steinbrecher, 29 Steinspitzer, 4 Steinmetzen, von denen jeder einige Gesellen hatte, 50 Maurer, 45 Zimmerleute, 4 Schieferdecker und mehrere einzelne Handwerker wie Schlosser, Schmiede, Tischler, Büttner usw. Hinzu kamen 289 Fronarbeiter, welche Transportarbeiten und Handlangerdienste zu verrichten hatten. Für das Jahr 1590 werden insgesamt 556 Personen und 14 vierspännige Frongeschirre angegeben, wobei die Zahl der Handwerker im Vergleich zum Vorjahr beträchtlich zunahm und die der Fronarbeiter um 100 Mann sank. Die ganze Baustelle wurde von der Festungswache beaufsichtigt, zwei Streckenknechte trieben die Leute zur Arbeit an. Die Bauleitung übernahm 1590 der Baumeister Hans Irmisch. Den größten Teil des Baumaterials – Steine und Holz – gewann man direkt auf dem Königstein bzw. in dessen unmittelbarer Nähe. Ziegel wurden nach kurzer Zeit an Ort und Stelle gebrannt, Kalksteine von Berggießhübel bzw. Pirna herangeschafft. Der Transport des Baumaterials vom Fuße des Königsteins auf das Plateau erfolgte mithilfe von Lastenaufzügen, sogenannten Kranichen, an der Außenmauer.

Mit der Fertigstellung der erwähnten Gebäude war jedoch die Festung als Gesamtanlage noch lange nicht vollendet. Auf jeden Fall fehlten noch ein Zeughaus zur Lagerung von Waffen und ein Proviantmagazin. Geplant waren auch ein Schlacht-, ein Rauch-, ein Brau- und ein Backhaus. Das alles wäre nötig gewesen, um im Falle einer längeren Belagerung die Besatzung ernähren zu können. Das lebensnotwendige Trinkwasser dagegen war bereits mit dem Brunnen gesichert. Darüber hinaus gedachten Buchner und Irmisch, die alte Kaiserburg umzubauen. Schließlich fehlte noch die Brustwehr mit den Wachtürmen zur Rundumverteidigung.

Der Tod Christians I. im September 1591 setzte dem Bauen auf dem Königstein jedoch vorerst ein Ende. Für den noch unmündigen Christian II. übernahm ein testamentarisch eingesetzter Administrator, der ernestinische Herzog Friedrich Wilhelm von Sachsen-Weimar, die Regierungsgeschäfte. Er und die Witwe Christians I. waren Gegner des bisher verfolgten politischen Kurses und rissen nun das Staatsruder wieder herum. Innenpolitisch kehrte Sachsen zum strengen Luthertum zurück, außenpolitisch stellten sich die Wettiner erneut an die Seite der Habsburger. Damit gab es praktisch keinen Grund mehr, den Festungsbau auf dem Königstein fortzusetzen. Die Bauarbeiten wurden eingestellt. An ihren Gegnern übte die triumphierende Opposition eine furchtbare Rache, der u. a. der bürgerliche Kanzler Krell zum Opfer fiel. Als einer der ersten Staatsgefangenen wurde er am 18. November 1591 auf der Festung Königstein, deren Ausbau auf ihn zurückzuführen ist, eingeliefert. Nach zehnjähriger Haft im Krellturm, der sich zwischen Streichwehr und Georgenburg befindet, machte man ihm den Prozess. Die Anklage lautete: Abwendung von Kaiser und Habsburg, Komplott mit ausländischen Mächten, vor allem mit Frankreich, sowie Anwendung von Gewalt in Religionssachen. Schließlich wurde er 1601 in Dresden öffentlich enthauptet.

1594 entschloss sich der regierende Administrator, den Festungsbau fortzusetzen und wenigstens zu einem vorläufigen Abschluss bringen zu lassen. In diesem Jahr entstand an der Südseite des Steins, wahrscheinlich anstelle der ehemaligen Torbefestigung der alten Burg, unter Leitung Buchners das Alte Zeughaus – ein sehr schöner Renaissancebau mit Rustikaportalen an den Giebelseiten und einem mit toskanischen Säulen geschmückten Saal im Erdgeschoss. In den folgenden Jahren wurden die das Plateau umschließende Brustwehr mit den Wachtürmen und zwei heute nicht mehr vorhandene Pulvertürme gebaut.

Seit 1590 war Hans von Eberstein Festungshauptmann und damit erster Festungskommandant. Ihm unterstanden 1594 ein Wachtmeister und 25 Knechte mit 24 Frauen und 23 Kindern

Brustwehr mit Wachturm an der Südostseite

als ständige Besatzung. Dass sich von Eberstein des Festungsbaus mit besonderem Eifer angenommen hat, beweist folgende Inschrift an der äußeren Festungsmauer:

»Hans von Eberstein Krigshavbtmann / Diesen Konigstein zv bevestigen / Tat ich nicht sparen mein Gelt und Arbeit gros / So wahr als mich Gott hat erlost. / Anno Christi 1593«. Zwei weitere Sprüche erinnern an Christian I. Einer davon lautet:

»Der loblich Curfurst Christian / fieng Konigstein zu baven an / zu Schutz und Nutz dem Vaterlant / bald nam in Got in seine Handt / Furst Friedrich Wilhm ans Vaters Stat / sein Sohnen es vollendet hat / Das Havs zu Sachsen ingemein / bewahre Gott vnd dism Stein«.

ORT HÖFISCHER REPRÄSENTATION IM 17. JAHRHUNDERT

Der 1611 auf Christian II. folgende Kurfürst Johann Georg I. ließ die Festung bis zum Eintritt Sachsens in den Dreißigjährigen Krieg weiter vervollkommnen. Dabei dachte er vor allem an die Ausrichtung größerer höfischer Festlichkeiten auf dem Königstein. Diese konnten hier bequem mit der Jagd verbunden werden.

Zuerst wandte sich der Kurfürst der alten Kaiserburg zu. Unter Beibehaltung der noch aus der Zeit Georgs des Bärtigen stammenden spätgotischen Architekturelemente im Erd- und ersten Obergeschoss ließ er das Gebäude zu einem Jagdschlösschen im Renaissancestil umbauen. Am 27. Juli 1619 fand die feierliche Einweihung in Anwesenheit des Bauherrn, Johann Georgs I., der kurfürstlichen Familie und eines Teils des Hofes, der beiden Baumeister, Paul Buchner d. J. und Simon Hoffmann, sowie einiger Offiziere der Festung statt. Das Gebäude trägt seitdem den Namen »Johann-Georgen-burg« bzw. kurz »Georgen-burg«. Leider ist von der ehemaligen Inneneinrichtung nichts erhalten geblieben. Wir wissen jedoch, dass das Gebäude reich mit Jagdtrophäen geschmückt war. Im Jahre 1659 zählte man 141 »Hirschköpfe«. Die Wände zierten außerdem Tapeten mit

Kurfürst Johann Georg I.
(1585–1611–1656). Gemälde von
Frans Luycx. Staatliche Kunstsammlungen Dresden, Grünes Gewölbe

Georgenburg von Osten mit noch erhaltenen – später verglasten – Renaissance-Arkaden

Inschriften, die sich auf erlebte Jagden bezogen. Durch spätere Umbauten ist leider auch der äußere Renaissancecharakter der Georgenburg weitestgehend verloren gegangen. Lediglich die wahrscheinlich schon um 1600 entstandene Arkadenwand hat die Zeiten überdauert. Ein Kupferstich aus dem ersten Drittel des 18. Jahrhunderts vermittelt einen Eindruck von der einstigen Schönheit des Schlösschens.

Johann-Georgenburg.
Stich von Pinz/Engelbrecht, 1734

Nach Fertigstellung der Georgenburg galt das Interesse des Kurfürsten dem ehemaligen Brauhaus, welches sich neben der Kirche befand. Bereits 1591 hatte Paul Buchner die Keller dieses Gebäudes beträchtlich erweitern lassen – wohl im Hinblick auf ein künftiges Provianthaus. Die Arbeiten waren dann aber zum Erliegen gekommen. Johann Georg I. ließ sie wieder aufnehmen und beauftragte den Baumeister Ezechiel Eckhard mit der Errichtung eines weiteren Renaissanceschlösschens über diesen Kellern. Das 1621/22 errichtete zweigeschossige Gebäude wurde später nach der Gattin Johann Georgs II., die so gern darin wohnte, »Magdalenenburg« genannt. Dieser Name ist ungeachtet des völligen Umbaus im 19. Jahrhundert bis heute erhalten geblieben. Ursprünglich erfüllte die Magdalenenburg zwei Aufgaben: In den beiden Obergeschossen wohnte der Hof, wenn er auf dem Königstein weilte; der Boden und die beiden Kellergeschosse dienten als Proviantlager und Weinkeller. Dort wurde bereits 1624 ein

Magdalenenburg vor dem Umbau zum Proviantmagazin, Ansicht von Norden.
Stich von Pinz/Engelbrecht, 1734

erstes großes Weinfass mit 1450 Hektolitern Fassungsvermögen aufgestellt. Im Wettstreit mit dem Kurfürsten von der Pfalz wurde dieses Fass 50 Jahre später durch ein noch größeres, 2235 Hektoliter fassendes, ersetzt. Um dieses zweite Fass aufstellen zu können, mussten Umbauten vorgenommen werden, denen die »Hofstube« zum Opfer fiel. Im 18. Jahrhundert kam es zur Aufstellung eines dritten, noch größeren Fasses, von dem im nächsten Kapitel die Rede sein soll. Neben der großen Hofstube gab es im ersten Obergeschoss ursprünglich noch sechs weitere Räume, darunter eine gewölbte Silberkammer und eine Silberküche. Im zweiten Obergeschoss lagen neun Räume, u. a. die Zimmer der Kurfürstin und die große Tafelstube mit Kammern und Beikammern. Die Einrichtung ist relativ bescheiden gewesen. Sie bestand u. a. aus Tafeln und Bänken, großen »Zelt- und Spanbetten« und eisernen »Curtius-Öfen«. Geschmückt waren die Räume jedoch mit zahlreichen Bildern, darunter die Tafelstube seit 1684 mit den »12 Conterfeits« von Johann Georg III., dem Vater Augusts des Starken, und seinen elf Truppenführern in der Schlacht bei Wien 1683.

1631 entstand auf dem Königstein ein drittes, ebenfalls höfischen Festlichkeiten dienendes Gebäude: der Johannissaal. Dieser schloss sich an der Ostseite des Torhauses an dessen Mittelbau an und stand mit seiner Längsachse über dem dunklen Aufgang. Ähnlich der Friedrichsburg und der Magdalenenburg ließ der Generalzeugmeister und Oberst Johann Melchior von Schwalbach hier eine militärisch-praktische Funktion mit einer höfisch-repräsentativen verbinden: Der Holzfußboden des Festsaales, unter dem sich der Aufgang befand, war mit Falltüren versehen und diente der Verteidigung. Unter dem Gebäude, an den Längsseiten des Aufganges, wurde ein mit Schießscharten für Gewehrfeuer versehener Caponnièrengang errichtet. Wenn Feinde bis unter den Johannissaal vorgedrungen wären, hätte man sie von hier aus noch abwehren können. Der Saal selbst war mit 112 Gemälden von »Generalspersonen« geschmückt. Deshalb nannte man ihn auch »Heldensaal«. In diesem fanden im 17. und 18. Jahrhundert mehrtägige, rauschende Feste statt – nicht selten zu Ehren hoher Gäste. 1652 beispielsweise trafen sich Johann Georg I. und der aus Wien kommende Kurfürst Friedrich Wilhelm von Brandenburg auf dem Königstein. 1698 stattete der russische Zar Peter I. der Festung einen Besuch ab. Im 18. Jahrhundert folgten weitere gekrönte Häupter, von denen später die Rede sein soll. Oft hat die Dresdner Hofkapelle diese Feste musikalisch gestaltet. Als einer ihrer bedeutendsten Kapellmeister musizierte u. a. auch Heinrich Schütz auf dem Königstein.

Dass die Christiansburg, die spätere Friedrichsburg, in diese Festlichkeiten einbezogen war, beweist die von Generation zu Generation weitererzählte Geschichte vom »Pagenbett«. Diese trug sich im Jahre 1675, zur Regierungszeit Johann Georgs II., zu. Dessen Page, Heinrich von Grunau, hatte während eines Fes-

Das Pagenbett an der Friedrichsburg (Christiansburg).
Aquarell von Theobald von Oer

tes allzu sehr dem Wein zugesprochen. Als er im volltrunkenen Zustand einen Platz zum Schlafen suchte, geriet er im Erdgeschoss der Christiansburg an eine Schießscharte, kroch hindurch und legte sich auf dem äußeren Sims schlafen – ahnungslos, dass neben ihm der Abgrund gähnte. Nachdem ihn am nächsten Morgen zwei Kanoniere entdeckt hatten, ließ ihn der Kurfürst heimlich mit Seilen sichern, um einen Absturz zu verhindern, und dann mit Pauken und Trompeten zur Belustigung

Garnisonskirche von Nordwesten

der Hofgesellschaft wecken. Der Platz vor der bewussten Schießscharte heißt seitdem das »Pagenbett«. Theobald von Oer, Vater des späteren Festungskommandanten von Oer, hat das Ereignis rund 200 Jahre später in einem Aquarell dargestellt; allerdings ohne zu beachten, dass 1675 die barocke Freitreppe noch nicht existierte.

Das 17. Jahrhundert war aber nicht nur ein Jahrhundert fröhlicher Feste. Der Dreißigjährige Krieg brachte der Bevölkerung in Sachsen viel Not und Elend. 1639 zogen die Schweden, von Pirna kommend, durch Königstein. Die Festung wurde damals zur Fliehburg für die Bauern der Umgebung, die mit ihrem Vieh an den Berghängen Schutz suchten. Der Feind wagte zwar nicht, die Festung anzugreifen, doch konnte deren Besatzung auch nichts tun, um den Durchzug der Schweden durch die Stadt zu verhindern. Einerseits war sie, obgleich verstärkt, viel zu klein. Sie zählte etwa 70 Mann. Andererseits fehlten brauchbare Schießscharten an der Elbseite. Doch selbst wenn diese vorhanden gewesen wären, hätte man wenig ausrichten können, da der Feind unter Ausnutzung des »feuertoten Raumes« vorbeiziehen konnte. Ein Schuss fiel allerdings doch – und zwar ein sehr verhängnisvoller. Der Kommandant Jacob von Löben ließ von der Königsnase aus auf das Quartier des schwedischen Führers in der Stadt feuern. Daraufhin ließ dieser die Stadt plündern und in Brand stecken.

Während des Dreißigjährigen Krieges war die Kirche auf dem Königstein, die seit 1596 bereits als Garnisonskirche genutzt wurde, ihrem Verfall preisgegeben. Die Gemeinde musste vorübergehend einen Raum in der Georgenburg für ihre Gottesdienste nutzen. Zwanzig Jahre nach Beendigung des Krieges ließ Johann Georg II. die Kirche restaurieren, wobei eine neue Sakristei und ein bedeckter Gang von der Magdalenenburg zur Kirche entstanden. Am 16. Oktober 1676 erfolgte in Anwesenheit des Hofes die Weihe der Kirche als Sankt-Georgskapelle und erste Garnisonskirche in Sachsen. In den folgenden Jahren bis 1681 wurde unter Leitung des Baumeisters Wolf Caspar von Klengel der Turm angefügt. 1687 erhielt dieser drei Glocken, die aus dem von Andreas Herold für den Schlossturm in Dresden gefertigten Glockenspiel stammten. Seit 1671 hatte die Festungsgemeinde, die früher vom städtischen Pfarrer betreut wurde, einen eigenen

Wolf Caspar von Klengel (1630–1691), Architekt. Gemälde (Detail) von Heinrich Christoph Fehling, 1680. Staatliche Kunstsammlungen Dresden, Gemäldegalerie Alte Meister

Pfarrer und seit 1695 einen eigenen Friedhof außerhalb der Festungsmauern.

Hinsichtlich der Verbesserung der Verteidigungsfähigkeit ist für das 17. Jahrhundert noch der Bau der Georgenbastion in den Jahren 1669 bis 1679 unter Leitung Klengels zu nennen. Dieses der Georgenburg vorgelagerte Werk diente der Aufstellung von Geschützen und damit der Bestreichung der Auffahrt zur Festung. Wahrscheinlich dachte man bei Errichtung desselben an die »Türkengefahr«. Wenige Jahre später standen die Türken vor Wien.

Georgenburg mit Georgenbastion und Kanonenrampe von Südwesten

DIE ZEIT AUGUSTS DES STARKEN

August der Starke hatte – wie schon seine Vorfahren – in zweierlei Hinsicht Interesse am Königstein: Als Liebhaber der Festungsbaukunst und Schüler Wolf Caspar von Klengels reizte ihn die fortifikatorische Verstärkung des Objekts. Andererseits hatte sich die Festung als Ort höfischer Festlichkeiten bewährt und regte auch in dieser Hinsicht die Fantasie des Bauherrn an. In den ersten Jahren seiner Regierungszeit tat sich allerdings weder in der einen noch in der anderen Hinsicht etwas auf dem »Stein«. Der Nordische Krieg nahm die Aufmerksamkeit des Königs von Polen und natürlich auch dessen Geld voll in Anspruch. Obwohl Festungskommandant von Brause im Jahr 1703 dringende Maßnahmen zur Erhaltung bzw. Verbesserung der Verteidigungsfähigkeit des Königsteins forderte, fand er kein Gehör. Erst 1716 begann mit der halbseitigen Aufstockung der Alten Kaserne und

Alte Kaserne von Nordosten

Brunnenhaus nach Plänen von Matthäus Daniel Pöppelmann,
Ansicht von Südosten. Stich von Pinz/Engelbrecht, 1734

der Errichtung eines neuen Brunnenhauses nach dem Entwurf des sächsischen Oberlandbaumeisters Pöppelmann eine neue Bauperiode. Aus finanziellen Gründen konnten jedoch auch jetzt nur die dringendsten Arbeiten durchgeführt werden. So unterblieb beispielsweise der Bau des eigentlich zum Schutz des Brunnens erforderlichen beschussfesten Gewölbes im Brunnenhaus. Um Gelder zu sparen, war man beim Festungsbau u. a. auch an möglichst billigen Arbeitskräften interessiert. 1718 wurde ein Befehl erlassen, welcher untersagte, Deserteure weiterhin zu hängen. Sie sollten stattdessen als Baugefangene im Militärbauwesen büßen. Auf dem Königstein wurden seit 1713 nachweislich solche Baugefangenen, die zu ihrem Unglück noch Tag und Nacht Beineisen tragen mussten, eingesetzt.

1722 trug sich August der Starke mit völlig neuen Gedanken zur Festung Königstein. Eine eigenhändige Skizze verrät, dass er auf dem Plateau eine großzügige barocke Schlossanlage errichten wollte. Wie aus dem Projekt hervorgeht, sollte eine Allee das Festungswäldchen vom Johannissaal bis zur Königsnase durch-

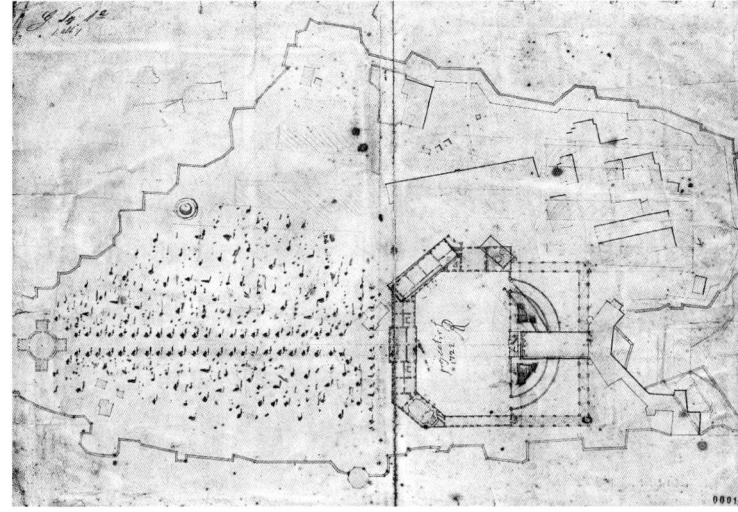

Eigenhändiger Entwurf Augusts des Starken für ein Schloss auf der Festung Königstein, 1722. Dresden, Landesamt für Denkmalpflege Sachsen

schneiden und vorhandene Bausubstanz zum Teil in die Anlage einbezogen, zum Teil beseitigt werden. Doch es blieb – wie so oft aus Geldmangel – beim Projekt. Stattdessen ließ der Kurfürst und König den Fasskeller der Magdalenenburg umgestalten und in diesem 1725 das dritte und mit einem Fassungsvermögen von rund 240 000 Litern größte Königsteiner Weinfass errichten. Damit besiegte er den Kurfürsten von der Pfalz endgültig im Wettstreit um den Bau des größten Fasses. Das Königsteiner Fass war aus Eichenholz gefertigt und mit Schnitzereien und Glaspokalen reich verziert. Den Entwurf dazu hatte kein Geringerer als der Oberlandbaumeister Pöppelmann geliefert. In der Höhe maß das Fass 11 Meter, 30 eiserne Reifen, von denen jeder 7 Zentner wog, hielten das Prunkstück zusammen. Auf dem Fass befand sich eine Tanzfläche, auf der 30 Paare tanzen konnten. Soweit bekannt ist, war das Riesenfass allerdings nur einmal ganz

Das große Weinfass im Keller der Magdalenenburg.
Zeitgenössische Lithografie

mit Wein gefüllt – mit Meißner Landwein. Später ließ man sich eine List einfallen: Man baute ein Gerüst in das große Fass und stellte dann ein kleines, ganz normales Fass in das große hinein. Die Gäste ließ man in dem Glauben, dass der Wein tatsächlich aus dem Riesenfass komme. Leider ist das Königsteiner Fass nicht einmal 100 Jahre alt geworden – im Gegensatz zum letzten Heidelberger Fass, welches heute noch existiert. Nach zahlreichen Reparaturen musste das sächsische Fass 1819 wegen Baufälligkeit abgebrochen werden.

Doch zurück zu August dem Starken. Nach der Fertigstellung des Riesenfasses wandte er sich wieder fortifikatorischen Fragen des Königsteins zu. Noch im Jahre 1725 begann auf den Resten des ehemaligen Klosters die Errichtung einer neuen, heute nicht mehr vorhandenen Kaserne. Vier Jahre später wurde ein größeres Vorhaben zur Stärkung der Verteidigungsfähigkeit in Angriff genommen: die Tieferlegung des Festungsaufganges.

Grabenschere mit Medusentor, dahinter das Torhaus

Hornravelin mit Spanischem Reiter

In diesem Zusammenhang wurde das alte Torravelin aus dem Jahre 1591 abgebrochen und mit der Errichtung von zwei neuen, dem Tor vorgelagerten, kasemattierten Verteidigungswerken – der Grabenschere und dem Hornravelin – begonnen. Der Baumeister war diesmal Johann Georg Maximilian von Fürstenhoff, ein unehelicher Sohn Johann Georgs III. und somit ein Halbbruder Augusts des Starken. Die Grabenschere schmückt ein barockes Tor, welches nach dem im Schlussstein dargestellten Medusenhaupt »Medusentor« genannt wird. Die Medusa ist ein Ungeheuer aus der griechischen Mythologie. Ihr furchterregender Anblick sollte Feinde abschrecken, denn wie die Sage erzählt, wird derjenige, der sie ansieht, vor Schreck zu Stein. Das Tor krönt ein kurfürstlich-sächsisch, königlich-polnisches Wappen. Hornravelin, Medusentor und Torhaus waren untereinander anfangs durch Zugbrücken, später durch Wippbrücken, die mithilfe von Hintergewichten in Sekundenschnelle nach oben geklappt werden konnten, verbunden. Diese Maßnahmen zur Verbesserung der Verteidigungs-

Medusenhaupt am Schlussstein des Medusentores

Kurfürstlich-sächsisch, königlich-polnisches Wappen auf dem Medusentor

Friedrichsburg vor der Zerstörung durch Blitzschlag, Ansicht von Westen.
Stich von Pinz/Engelbrecht, 1734

fähigkeit der Festung um 1730 ordnen sich ein in die zeitgleichen Anstrengungen Augusts des Starken zur Verstärkung seiner Armee.

Zwei Jahre vor seinem Tode wandte sich der Kurfürst und König noch einmal einem Repräsentationsbau auf der Festung zu: der Christiansburg. Der ehemals sowohl Verteidigungszwecken als auch Festlichkeiten dienende, äußerlich schlichte Renaissancebau verwandelte sich in einen mit doppelläufiger Freitreppe versehenen prächtigen barocken Pavillon, der von nun an nur noch eine repräsentative

Friedrich Wilhelm von Kyaw,
Generalleutnant und Kommandant der
Festung Königstein von 1715 bis 1733.
Lithografie von Knäbig / Teichgräber

König August II. von Polen (August der Starke) und König Friedrich Wilhelm I. von Preußen. Gemälde von Louis de Silvestre, 1730. Staatliche Kunstsammlungen Dresden, Gemäldegalerie Alte Meister

Funktion hatte. Das Erdgeschoss beherbergte jetzt die herrschaftliche Küche. Als besondere Attraktion für die Gäste ließ August der Starke eine »Maschinentafel« einbauen – einen Tisch, der im Erdgeschoss gedeckt und durch ein Hebewerk in das Obergeschoss befördert werden konnte. Leider zerstörte ein Blitzschlag 1744 das Gebäude, und beim Wiederaufbau 1767 verzichtete man aus finanziellen Gründen auf die Rekonstruktion der »Maschinentafel«.

Friedrichsburg von Westen

In den Jahren 1715 bis 1733 war der Generalleutnant Friedrich Wilhelm von Kyaw Kommandant der Festung Königstein. Bekannt für seine Gastfreundschaft und seinen geistreichen Humor, fand August der Starke in ihm den richtigen Partner, wenn es um die Organisation von Festlichkeiten und die Unterhaltung der Gäste ging. Zu diesen zählten u. a. auch der »Soldatenkönig« Friedrich Wilhelm I. von Preußen und dessen Sohn, Prinz Friedrich, der spätere Friedrich II., die während ihres Aufenthaltes in Sachsen im Februar 1728 auch den Königstein besuchten. Zur Erinnerung an gemeinsame frohe Stunden in der Christiansburg benannte August der Starke den Pavillon um in »Friedrichsburg«.

BERÜHMTE STAATSGEFANGENE DES 18. JAHRHUNDERTS

Der Königstein war nicht nur Ort höfischer Repräsentation und Landesfestung im militärischen Sinne. Er ist auch als »Sächsische Bastille« in die Geschichte eingegangen. Da die Festung militärisch für uneinnehmbar gehalten wurde, glaubte man auch die politischen Gefangenen hier am sichersten aufgehoben. Das Gefangenenverzeichnis, das allerdings nicht den Anspruch auf Vollständigkeit erheben kann, zählt von 1591 bis 1922 993 Namen, darunter viele von bekannten Persönlichkeiten. Dr. Nikolaus Krell als erster bedeutender Staatsgefangener wurde bereits genannt. Ihm folgte während des Dreißigjährigen Krieges Dr. Joachim Cratz, der 1631 bei der Zusammenkunft der evangelischen Stände in Leipzig als kaiserlicher Spion entlarvt wurde. Eine »Hoch-Zeit« erlebte das Staatsgefängnis Festung Königstein jedoch erst unter August dem Starken und seinem Sohn.

Zu Beginn des 18. Jahrhunderts waren es vor allem politisch unbequem gewordene Persönlichkeiten aus dem Kreise der Regierung und des Hofes, welche als Arrestanten eingeliefert wurden. Zu ihnen gehörten der Großkanzler Wolf Dietrich von Beichlingen und dessen Anhänger – sein Bruder, der Oberfalkenmeister Gottlob Adolph von Beichlingen, der Kammerrat Kurt Heinrich von Einsiedel und der Hof- und

Wolf Dietrich von Beichlingen, Großkanzler Augusts des Starken. Gemälde (Detail) von François de la Croix, 1702. Privatbesitz

Johann Friedrich Böttger, der gemeinsam mit Ehrenfried Walther von Tschirnhaus das europäische Porzellan erfand. Lithografie von Otto Baisch. Staatliche Kunstsammlungen Dresden, Kupferstich-Kabinett

Justizrat Dr. Georg Gottlieb Ritter. Wolf Dietrich von Beichlingen vertrat 1702/03 eine außenpolitische Linie, die nicht mehr der realen Lage entsprach. Außerdem hatte er sich durch seinen Einsatz für den Absolutismus den Hass des alteingesessenen sächsischen Adels und der Geistlichkeit zugezogen, die gegen ihn intrigierten und auf seinen Sturz hinarbeiteten. Im Frühjahr 1703, als sich der Staat infolge der äußeren Bedrohung durch Schweden und innerer Unzufriedenheit in einer Krise befand, war August der Starke gezwungen, den Ständen entgegenzukommen, und »opferte« den Großkanzler, indem er ihn und seine Anhänger verhaften ließ.

Kurz bevor im September 1706 das schwedische Heer in Kursachsen einfiel, wurden neben den wichtigsten Staatspapieren und Kunstschätzen aus dem Grünen Gewölbe auch politische Gefangene zwecks größerer Sicherheit auf den Königstein gebracht. Den Anfang machten die beiden polnischen Prinzen Jakob und Konstantin Sobieski, die August wegen ihres Anspruchs auf den polnischen Thron am 28. Februar 1704 auf ihrer Reise von Breslau nach Großpolen hatte gefangen nehmen und nach Sachsen bringen lassen. Ihre bisherige Haft verbrachten sie auf der Leipziger Pleißenburg.

Am 5. September 1706 folgten der Leipziger Bürgermeister Franz Conrad Romanus und der spätere Erfinder des europäischen Porzellans, Johann Friedrich Böttger. Romanus war am

16. Januar 1705 in Leipzig angeblich wegen Ausstellung falscher Ratsscheine und anderer Betrügereien, in Wirklichkeit aber wegen des sogenannten Ratsvorschlages, den er dem König während der Neujahrsmesse 1705 unterbreitet hatte, festgenommen worden. Das Projekt sah vor, dem Leipziger Rat und später allen anderen Stadtbehörden des Landes die freie Verwaltung zu entziehen, die Stadtvermögen unter kurfürstliche Aufsicht zu stellen und die jährlichen Überschüsse an den Landesherrn abzuführen. Romanus beabsichtigte damit, dem König die Kassen zu füllen und sich selbst zum unumschränkten Herrn zu machen. Der Statthalter Fürstenberg und andere Räte stellten dem König die Gefährlichkeit dieses Mannes vor und erwirkten den Haftbefehl. Bis September 1706 war Romanus auf dem Pirnaer Sonnenstein arretiert.

Den Alchimisten Johann Friedrich Böttger ließ August der Starke von der Albrechtsburg Meißen auf den Königstein bringen, da er fürchtete, Karl XII. von Schweden könnte ihm seinen »Goldmacher« entführen. Aus Sicherheitsgründen wurde dieser inkognito auf der Festung eingeliefert und nur als »Herr mit 3 Dienern« bezeichnet. Als weiterer wichtiger Arrestant traf am 9. September 1706 der Livländer Johann Reinhold von Paktul ein. Vom Schwedenkönig Karl XI. als Rebell zum Tode verurteilt, war er 1698/99 auf der Flucht vor dessen Nachfolger Karl XII. in sächsische Dienste getreten und hatte als Verfechter des Krieges gegen Schweden einen wichtigen Platz unter den Beratern Augusts des Starken eingenommen. 1701 fiel er jedoch in Ungnade und trat in den Dienst des Zaren, um bald darauf als russischer Gesandter nach Sachsen-Polen zurückzukehren. Dem Geheimen Konsilium in Dresden schon lange ein Dorn im Auge, diente diesem schließlich ein Vorwand als Anlass, ihn ohne Wissen des Königs und unter Bruch des Völkerrechts verhaften und auf den Sonnenstein bringen zu lassen, von dem aus er auf den Königstein geschafft wurde.

Anton Albrecht von Imhoff, sächsischer Staatsmann. Kupferstich (Detail) von Martin Bernigeroth (?). Staatliche Kunstsammlungen Dresden, Kupferstich-Kabinett

Weitere politisch wichtige Gefangene waren die Unterhändler Augusts des Starken bei Abschluss des Altranstädter Friedens 1706 mit Schweden – der Geheime Referendar Georg Ernst von Pfingsten und der Kammerpräsident Anton Albrecht von Imhoff. Da August der Starke den entwürdigenden Frieden, durch den er auch die polnische Krone verlor, nicht akzeptieren wollte, ließ er seine Unterhändler mit der Begründung, sie hätten ihre Kompetenzen überschritten, verhaften und auf den Königstein bringen. 1711 folgte der Kammerherr Johann Friedrich von Wolfframsdorf. Er war der Verfasser des »Portrait de la cour de Pologne et de Saxe« (»Porträt des polnischen und sächsischen Hofes«), einer Schrift, in der führende Persönlichkeiten des Hofes und der Staatsverwaltung einer schonungslosen Kritik unterzogen wurden. Obgleich August der Starke diese Schrift offenbar wohlwollend zur Kenntnis genommen hatte – entsprechend den Empfehlungen Wolfframsdorfs besetzte er einige Ämter neu –, ließ er den Verfasser gefangen nehmen und zuerst auf die Burg Stolpen, dann auf den Königstein bringen.

Für die Regierungszeit Augusts III. ist als erster bedeutender Staatsgefangener der Kabinettsminister und Wirkliche Geheime Rat Karl Heinrich von Hoym zu nennen, dem Bestechlichkeit und verschiedene Amtsvergehen vorgeworfen wurden. Später folgten zwei Porzellanmaler der Meißner Manufaktur: Johann Georg Heintze und Johann Gottlob Mehlhorn. Diese waren »in sichere Verwahrung anhero gegeben worden, weil sie hatten ins Ausland gehen und die Geheimnisse der Porcellain-Fabrication verrathen wollen«. So sicher war die »Verwahrung« der beiden allerdings doch nicht, denn mithilfe eines Seiles gelang ihnen die Flucht; in Berlin gründeten sie später eine Porzellanfabrik. Schließlich seien der Geheime Kanzlist Friedrich Wilhelm Menzel und der Goldschmied Johann Benjamin Erfurth genannt, die vor dem Siebenjährigen Krieg Staatsgeheimnisse an Friedrich II. von Preußen verraten hatten und deshalb 1763 inhaftiert wurden.

Der größte Teil der genannten Arrestanten war in der Georgenburg untergebracht, die seit Beginn des 18. Jahrhunderts fast ausschließlich als Gefängnis genutzt wurde. Einige Gefangene saßen aber auch in der Magdalenenburg (z. B. die polnischen Prinzen) und im Brunnenhaus (z. B. die Porzellanmaler). Die Dauer der Haft war recht unterschiedlich. Wolf Dietrich von Beichlingen und seine Anhänger wurden nach fünf bis sechs Jahren in ihr Privatleben entlassen, Romanus saß bis an sein Lebensende – er starb 1746 im Alter von 75 Jahren auf dem Königstein. Böttger wurde nach Abzug der Schweden im September 1707 nach Dresden zurückgeholt, wo er mit Tschirnhaus das Geheimnis der Porzellanherstellung entdeckte. Patkul dagegen war im April desselben Jahres an Karl XII. von Schweden ausgeliefert und im Oktober grausam hingerichtet worden. Die Schicksale Imhoffs und Pfingstens gestalteten sich ebenfalls unterschiedlich. Während es Ersterem gelang, sich nach sechsjähriger Haft mit 40 000 Talern freizukaufen, starb Letzterer 1735 auf dem Königstein. Wolfframsdorf wurde nach gut einem Jahr auf den Sonnenstein gebracht, wo er erkrankte und bald starb. Karl Heinrich von Hoym nahm sich in der Haft das Leben, Menzel und Erfurth sollten den Königstein bis ans Ende ihrer Tage – 1796 bzw. 1778 – ebenfalls nicht mehr verlassen. So verschieden wie die Haftzeit waren auch die Haftbedingungen. Am besten ging es den beiden polnischen Prinzen. Während ihres viermonatigen Aufenthaltes auf dem Königstein hatten sie zwei Geistliche und zwei Diener bei sich. Sie erhielten deshalb wöchentlich insgesamt 80 Taler Verpflegungsgeld aus der Rentkammer. Hinzu kamen Wildbret und monatlich ein Eimer ungarischen Weines. Wolf Dietrich von Beichlingen erhielt monatlich 76 Taler und 17 Groschen, sein Bruder und der Kammerrat von Einsiedel je 64 Taler aus der Rentkammer, Böttger musste mit seinen drei Dienern mit monatlich 83 Talern und 20 Groschen auskommen. Einige Arrestanten, die vermögend genug waren, ernährten sich aus eigenen Mitteln; so Patkul, Imhoff und Hoym, anfangs auch Romanus und Pfingsten. Am kürzesten wurden Menzel und Erfurth mit täglich vier Groschen gehalten. Trotz der teilweise guten Verpflegung war die Festungshaft für die genannten Personen kein Erholungsaufenthalt. Oft saßen sie jahrelang in ihrem Kerker, ohne dass ihnen ein Prozess gemacht wurde und ohne dass sie die Möglichkeit erhielten, sich zu verteidigen. Von der Außenwelt abgeschnitten, denn Korrespondenz und Besuche waren nur in Ausnahmefällen bzw. nach langjähriger Haft erlaubt, wussten sie oft nicht, wann und ob sie überhaupt ihr Gefängnis jemals wieder würden verlassen können. Selbst Spaziergänge auf der Festung unter Aufsicht galten als besondere Vergünstigung und wurden erst nach jahrelanger Haft und auf ärztliches Attest gewährt.

MILITÄRISCHE VERSTÄRKUNGSBAUTEN
VOR UND NACH DEM SIEBENJÄHRIGEN KRIEG

König August III. von Polen. Gemälde (Detail) von Anton Raphael Mengs, um 1750. Staatliche Kunstsammlungen Dresden, Gemäldegalerie Alte Meister

Als August der Starke 1733 starb, waren die wenige Jahre zuvor begonnenen Arbeiten zur Verstärkung des Eingangsbereiches (Hornravelin und Grabenschere) noch nicht beendet. Sein Sohn, als König von Polen August III., ließ sie fortsetzen und 1735 zum Abschluss bringen. Im selben Jahr wurde unter Leitung des Generalleutnants Jean de Bodt mit der Errichtung weiterer Gebäude zur Modernisierung der Festung begonnen. Es galt, mit der Entwicklung der Angriffswaffen Schritt zu halten und die Verteidigungsfähigkeit aufs Neue zu sichern. Aus einem Schreiben Augusts III. aus dem Jahre 1734 geht hervor, dass er den Königstein auch in Zukunft im Falle eines Krieges als

Jean de Bodt, General und Baumeister (1670–1745). Gemälde (Detail) von Louis de Silvestre, 1729. Staatliche Kunstsammlungen Dresden, Gemäldegalerie Alte Meister

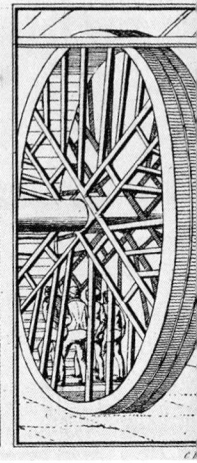

Brunnen mit Wasserhebewerk (Tretrad). Kupferstich von Christoph Beichling

Auslagerungsort für Kunstschätze und Archivgut zu nutzen gedachte. Wie die Geschichte gezeigt hat, ist die Festung dieser Aufgabe bis in das 20. Jahrhundert hinein mehrfach gerecht geworden.

Auf Vorschlag von Jean de Bodt wurde 1735 mit dem Bau von sechs kleinen, bombenfest überwölbten Pulvermagazinen begonnen. Um den Schaden bei einer eventuellen Explosion möglichst gering zu halten, wurden diese im Festungswäldchen verstreut errichtet. In jedem der Magazine konnten 450 Fass Pulver gelagert werden. Außerdem entschloss man sich, das Pöppelmann'sche Brunnenhaus, welches zwar gerade erst 20 Jahre stand, jedoch kein bombenfestes Gewölbe besaß, abzutragen und an dessen Stelle ein neues, größeres, vor allem aber beschussfestes Gebäude zu errichten. Das neue Brunnenhaus, welches heute noch existiert, erhielt ein in drei Schichten gemauertes, im Scheitel 4 Meter starkes Gewölbe mit einer Spannweite von mehr als 10 Metern. Dieses schließt den Brunnenraum tonnenförmig ab. Im Zusammenhang mit dem Neubau des Brunnenhauses wurde auch das Wasserhebewerk erneuert.

Brunnenhaus Jean de Bodts, Ansicht von Nordosten

Seit Anfang des 17. Jahrhunderts gab es ein Tretrad, welches von vier Soldaten, die in diesem Rad laufen mussten, betrieben wurde.

Die Verbesserung der Verteidigungsfähigkeit der Festung machte auch die Verstärkung der Garnison erforderlich. Diese war zur Zeit Augusts des Starken – im Jahre 1728 – auf insgesamt 135 Mann (einschließlich der Offiziere und sonstigen Festungsbeamten wie des Pfarrers, des Proviantverwalters, des Brunnensteigers usw.) angewachsen. 1736 wurde eine Halbinvalidenkompanie von 189 Mann auf den Königstein gelegt. Die gesamte Besatzung zählte jetzt 218 Mann. Zu ihrer Unterbringung und Verpflegung wurden ab 1735 auf dem ehemaligen Klostergelände, auf dem bereits August der Starke eine neue Kaserne hatte errichten lassen, zwei weitere Kasernen und ein Provianthaus gebaut. 1743 kam eine vierte Kaserne nahe dem »Horn« hinzu, in deren Erdgeschoss die Hauptwache, die Schlosser- und Schmiedewerkstatt sowie der Pferdestall des Kommandanten untergebracht waren. Alle diese Gebäude sind jedoch nach 1881 den fortifi-

Friedrich August Graf von Rutowski (1702–1764). Kommandierender General-Feldmarschall der sächsischen Armee. Gemälde (Detail) von Louis de Silvestre, 1724. Staatliche Kunstsammlungen Dresden, Gemäldegalerie Alte Meister

katorischen Veränderungen im Zusammenhang mit dem Bau der Batterie VIII zum Opfer gefallen. Darüber hinaus ließ Jean de Bodt Mitte der Dreißigerjahre die Südseite des Königsteins eskarpieren, d. h. den Felsen an der Außenseite unterhalb der Festungsmauern dahingehend bearbeiten, dass eine möglichst steile, glatte und damit unbezwingbare Wand entstand. Die dabei gebrochenen Steine fanden beim Bauen Verwendung, das Vorgelände wurde beräumt und planiert. Auf diese Weise entstand die ausgedehnte ebene Fläche an der Südseite der Festung (heutiger Buswendeplatz). Geplant war, hier und an der Westseite einen Gürtel von niederen äußeren Verteidigungswerken anzulegen, von denen aus das Vorgelände der Festung hätte flach beschossen werden können. Vorläufig unterblieben jedoch alle weiteren Arbeiten wegen Geldmangel. Man vertraute der durch die Eskarpierung erreichten größeren Sicherheit. 1754 stellte allerdings der Oberbefehlshaber der sächsischen Armee, Graf Rutowski (ein Sohn Augusts des Starken und der Türkin Fatima) fest, dass der Königstein in seinem damaligen Zustand keine acht Tage hätte Widerstand leisten können. Auf sein Betreiben wurde 1755/56 mit der Errichtung der Flèche (Pfeilschanze), einem in sich geschlossenen Außenwerk vor der Westseite des Königsteins, begonnen. Den Fortgang der Arbeiten unterbrach dann jedoch der Siebenjährige Krieg. Am 29. August 1756 fiel Friedrich II. von Preußen in Sachsen ein. Der

Blick vom Torhaus auf Grabenschere, Hornravelin und Niedere äußere Werke mit Flèche (Pfeilschanze)

Königstein wurde zwar in Verteidigungszustand versetzt und mit 1324 Mann verstärkt, musste aber der Gefangennahme der 17 000 Mann zählenden sächsischen Armee durch die zahlenmäßig weit überlegenen Preußen am Fuße des Liliensteins tatenlos zusehen. Die Niederlage der Sachsen ist weniger der unzureichenden Verteidigungsfähigkeit der Festung anzulasten, als vielmehr dem nicht gelungenen Entsatz durch die Österreicher. Für die Dauer des Krieges wurde der Königstein für neutral erklärt. Nach der Kapitulation der sächsischen Armee nahm er deren Pauken und Standarten auf.

Außerdem wurde er zum sicheren Aufbewahrungsort für den »guthen und mittleren Vorrath« der Dresdner Gemäldegalerie – darunter Werke Canalettos, Raffaels und Corregios.

Mit dem wirtschaftlichen Wiederaufbau Sachsens nach dem Siebenjährigen Krieg ging auch die Reorganisation der Armee einher. Oberbefehlshaber wurde nach dem Tode seines Halbbruders Rutowski der Chevalier de Saxe, ein Sohn Augusts des Starken und der Gräfin Lubomirska. Auf dessen Betreiben begann man 1766 an der Südseite des Königsteins hinter der Wallmauer mit dem Bau einer ausgedehnten Kasemattenanlage, zu der Friedrich August III. bzw. anfangs dessen Vormund Prinz Xaver jährlich 3000 Taler aussetzten. Diese bombenfesten, heizbaren, aneinander gereihten Gewölbe sollten im Kriegsfall der Unterbringung von Soldaten, der Lagerung von Waffen und der Verteidigung dienen. Die Fertigstellung der gesamten Anlage, welche sich von »Zobels Eck« an der Südseite bis zum Kommandantenhaus an der Westseite erstreckt, zog sich bis 1832 hin. Den Fortgang der Bauarbeiten kann man an der im Schlussstein jedes Gewölbes angegebenen Jahreszahl ablesen.

Im Jahre 1790 entschloss sich der Kurfürst, die Arbeiten an den vor dem Siebenjährigen Krieg begonnenen Erdwerken außerhalb der Festungsmauern fortsetzen zu lassen. 1803 waren die »Niederen äußeren Werke« an der Westseite fertiggestellt. Den Zugang zu diesen sicherte ein mit Zugbrücke versehener trockener Graben – die »Rote Brücke«. Die Südseite ließ man unbefestigt. Ebenfalls 1790 erfolgte die bereits zu Beginn des Jahrhunderts geforderte bombenfeste Wölbung des Dunklen Aufganges unter dem Johannissaal. Dies war notwendig, weil im Falle eines Brandes oder der Beschießung des Gebäudes dessen Trümmer den Aufgang blockiert hätten. Gleichzeitig wurde am Übergang vom Torhaus zum Johannissaal eine Fallpalisade eingebaut. Das äußere Hornravelin mit der Wache sicherte jetzt zusätzlich ein »Spanischer Reiter«.

Dunkle Appareille (Aufgang) mit Blick auf die Fallpalisade

Kasematten an der Südwestseite

Innenansicht der Kasematten an der Südwestseite

Kaserne IV an der Westseite

Schlussstein eines Kasemattengewölbes mit den Initialen FA für Friedrich August

SÄCHSISCHE BAUERN ALS BAUGEFANGENE

Das Jahr 1790 war auch das Jahr des kursächsischen Bauernaufstandes. Ermutigt durch die Französische Revolution, kündigten die sächsischen Bauern ihren Grundherren die Frondienste und Abgaben und erzwangen entsprechende Verzichtserklärungen. Da kleine militärische Einheiten den Aufständischen gegenüber machtlos waren, sah sich die Regierung gezwungen, ein aus 5600 Mann bestehendes und mit Artillerie ausgerüstetes Armeekorps einzusetzen, um der Lage Herr zu werden. Unter dem Kommando des Generals Heinrich Adolph von Boblick, der zwei Jahre später Kommandant der Festung Königstein wurde, schlugen die Truppen den Aufstand in kurzer Zeit nieder.

Eine Untersuchungskommission wurde eingesetzt, die nach und nach 158 Bauern und Bürger verhaftete. Davon kamen 34 als Baugefangene auf den Königstein, wo sie – zum Teil in Beineisen geschmiedet – bei täglich drei Pfund Brot und wöchentlich einem halben Maß Salz schwere körperliche Arbeit verrichten mussten. Auf welchen Baustellen sie eingesetzt waren – ob beim Kasemattenbau, der Errichtung der Niederen Werke oder der Wölbung des Dunklen Aufganges – ist allerdings nicht bekannt. Untergebracht waren die Gefangenen in der Georgenburg. Ihr Lager bestand aus Pritschen mit Strohsäcken, zu denen ihnen der Kommandant wegen der kursierenden Roten Ruhr Decken und sogar Holz zum Heizen gewährte. Außerdem bat General zu Solms in einem Schreiben an den Kurfürsten, dass den Arrestanten zur Bewahrung vor Erkältung jeweils zwei Hemden und ein Paar Schuhe gereicht werden mögen, da »besonders die drey Festungsbaugefangenen, welche gar keine Schuhe haben, wegen den Eisen in bloßen Strümpfen gehen müßen«. Dies spricht für die Menschlichkeit des Kommandanten. Erstaunlicherweise wurden die Aufständischen nach relativ

Heinrich Adolph von Boblick, Generalmajor und Kommandant der Festung Königstein von 1792 bis 1809. Gemälde von Anton Graff (?)

kurzer Zeit – die ersten bereits nach acht Wochen – entlassen; und zwar »in Rücksicht der von ihrer Obrigkeit für sie eingelegten Fürbitte«, »auch in der Erwartung, wie sie künftig als treue und gehorsame Untertanen sich bezeigen würden«. Offenbar fürchtete die »Obrigkeit«, durch allzu harte Strafen einen neuen Aufstand heraufzubeschwören. Die feudalen Lasten – Frondienste und Abgaben – blieben jedoch unverändert bestehen.

DIE RHEINBUNDFESTUNG

Wie der Siebenjährige Krieg, so gingen auch die Napoleonischen Kriege am Königstein nicht spurlos vorüber. Bereits vor der Schlacht bei Jena und Auerstedt, als Kursachsen noch Gegner Napoleons war, wurde die Festung in Verteidigungszustand versetzt. Im Dezember 1805 ließ Kurfürst Friedrich August III. die Besatzung mit 300 Infanteristen und 100 Artilleristen verstärken und im Januar 1806 die Außenwerke armieren, d. h. mit Geschützen bestücken. Die völlige Niederlage der verbündeten Sachsen und Preußen in der Schlacht bei Jena und Auerstedt und die darauf folgende, mit Kontributionen verbundene französische Verwaltung Sachsens bewogen jedoch Friedrich August III. zum Koalitionswechsel. Mit dem Vertrag von Posen vom 11. Dezember 1806 wurde Sachsen Rheinbundstaat und Königreich von Napoleons Gnaden und nahm in den folgenden Jahren an den Feldzügen Napoleons teil. Nach dem katastrophalen Russlandfeldzug hatte Sachsen im Frühjahr 1813 die Chance, zu den verbündeten Russen und Preußen überzutreten. Stattdessen bemühte sich Friedrich August, eine neutrale Position einzunehmen. Die Festung Königstein wurde in dieser Zeit – am 6. März – erneut verstärkt, sodass die Besatzung 603 Mann zählte. Am 20. April verfügte der sächsische König, »dass die Unabhängigkeit der Festung Königstein mit dem größten Ernst behauptet und gegen jedermann erklärt werde, dass die Festung nur auf Meinen Befehl im Einverständnis mit dem Kaiser von Österreich geöffnet werde«. Mit der für Napoleon siegreichen Schlacht bei Großgörschen am 2. Mai 1813 zog dieser den sächsischen König jedoch erneut auf seine Seite und baute in der Folgezeit die Elbe zur militärischen Operationsbasis aus. Am 20. Juni desselben Jahres, während des Waffenstillstandes, inspizierte Napoleon die

Festung Königstein, äußerte sich anerkennend über sie und fasste den Entschluss, am gegenüberliegenden Lilienstein ein befestigtes Heerlager zu errichten. Dieses sollte gemeinsam mit dem Königstein einen doppelten Brückenkopf bilden und so den Übergang französischer Truppen über die Elbe sichern. In den folgenden Wochen entstanden unter Hinzuziehung von ca. 2000 Arbeitskräften aus der Umgebung das Lager mit Schanzen, Baracken für 2400 Soldaten, sechs Feldbäckereien und einer Schlächterei sowie die von Stolpen quer über die Felder nach Königstein führende 17 Kilometer lange »Kaiserstraße«. Diese war Teil der Heerstraße, auf der Napoleon im Falle des Beitritts Österreichs zur Koalition der Russen und Preußen seine Truppen von Schlesien zur oberen Elbe führen wollte. Zur Überquerung des Flusses wurden zwei Schiffbrücken (Pontonbrücken) gebaut. Für die Verschanzungen am Lilienstein lieferte die Festung Königstein 16 teils leichte, teils schwere Kanonen und vier 32-pfündige Mörser. Zu ihrer eigenen Armierung verblieben noch vier 48-pfündige und vier 32-pfündige Mörser, vier 8-pfündige Haubitzen sowie 18 24-pfündige, zwei 18-pfündige und fünf 6-pfündige Kanonen. Als der Waffenstillstand am 10. August zu Ende ging, wurde die Festung für ein halbes Jahr verproviantiert. Da sie im strategischen Konzept Napoleons eine wichtige Rolle spielte, forderte er ihre Übergabe an die französische Armee, was jedoch durch die Intervention des sächsischen Generalstabschefs, des Generalleutnants von Gersdorf, vermieden werden konnte. Am 21. August allerdings wurde die Besatzung der Festung durch ein französisches Infanteriebataillon von 465 Mann und 20 französische Artilleristen verstärkt, welche ihr Quartier in der Magdalenenburg fanden. Festungskommandant war seit dem 28. Juli 1813 der sächsische Oberst von Warnsdorf. Da die Festung zu dieser Zeit von Truppen der Alliierten umgeben war, erklärte er sie am 22. August für belagert und ließ die Rote Brücke abtragen. Am 26. August eilte Napoleon mit starken Truppenverbänden von der Lausitz auf kürzestem Wege nach Dresden, um sich dort der Hauptarmee der Verbündeten zu stellen. Im Morgengrauen desselben Tages überquerte General Vandamme mit etwa 40 000 Franzosen unter dem Schutz der Festung die Elbe bei Königstein. Er sollte dem Gegner in die Flanke fallen. Zwischen Königstein und Pirna stieß er jedoch auf die russischen Truppen des Prinzen Eugen von Württemberg. Es kam zum Gefecht bei Krietzschwitz, welches die Franzosen einen Tag aufhielt. Dadurch gelang es den bei Dresden zwar noch einmal von Napoleon besiegten, jedoch nicht zerschlagenen Alliierten, sich nach Böhmen zurückzuziehen, sich erneut zu formieren und schließlich die Truppen Vandammes am 30. August in der Schlacht bei Kulm zu schlagen.

Wie schon in früheren Kriegen, barg der Königstein auch im Jahre 1813 den sächsischen Staatsschatz, Kunstschätze und Archivgut. Nachdem am 7. Oktober 1813 die französische Besatzung die Festung verlassen und die Verbündeten große Teile Sachsens besetzt hatten, wurde der Königstein für neutral erklärt. Dieser Zustand währte bis zur Rückkehr Friedrich Augusts aus der Gefangenschaft im Juni 1815. Ihm zu Ehren wurde der Platz zwischen Magdalenenburg und Johannissaal, der bisherige Friedrichsplatz, in Augustusplatz umbenannt und nach dem Tode Friedrich Augusts im Jahre 1827 eine Büste von ihm aufgestellt.

Nachdem Sachsen im Ergebnis des Wiener Kongresses von 1815 große Teile seines Territoriums verloren hatte, blieb der Königstein als einzige sächsische Landesfestung bestehen. In den folgenden Jahren wurden einige Gebäude entsprechend den neuen militärischen Erfordernissen umgebaut.

Als Erstes erfolgte im Jahre 1816 der Wiederaufbau des 1806 bei einem großen Brand zerstörten Johannissaales als »Neues Zeughaus« und die bombenfeste Wölbung der alten Pulvertürme A und B. Drei Jahre später wurde nach Abbruch des Riesenwein-

Magdalenenburg nach dem Umbau zum Proviantmagazin, Ansicht von Nordwesten

fasses die Magdalenenburg zum bombenfesten Proviantmagazin umgebaut. Das dadurch überflüssig gewordene, nicht bombenfeste Proviantmagazin Jean de Bodts baute man daraufhin zur Kaserne F um. Des Weiteren war der 1766 begonnene Kasemattenbau an der Westseite noch im Gange. Als artilleristische Neuheit wurde 1817 das erste Depressionsgeschütz an der Elbseite aufgestellt, dem weitere folgten.

GEFÄNGNIS FÜR BÜRGERLICHE DEMOKRATEN IM 19. JAHRHUNDERT

Im Zeitalter der bürgerlichen Umwälzung, das mit der Annahme einer ersten Verfassung im Königreich Sachsen am 4. September 1831 begann, spielte der Königstein wiederum als Staatsgefängnis eine Rolle. In der Nacht vom 2. zum 3. September 1831 wurden der 29-jährige Rechtsanwalt Bernhard Moßdorf und der 15 Jahre ältere Nudelfabrikant Anton Bertholdi »Auf Befehl Seiner Majestät des Königs und Seiner Königlichen Hoheit des Prinzen Mitregenten« eingeliefert und in der Georgenburg untergebracht. Moßdorf und Bertholdi waren die führenden Köpfe des Anfang 1831 gegründeten Dresdner Bürgervereins. Dieser verstand sich als Interessenvertreter der demokratisch gesinnten Dresdner Bürgerschaft und verfasste Flugblätter, in denen bürgerliche Rechte und Freiheiten verlangt wurden. In seinem Entwurf einer »Constitution, wie sie das sächsische Volk wünscht« verlieh Moßdorf den Forderungen der Bürger klaren Ausdruck. Die erste schriftliche Verfassung des Landes sollte u. a. folgende Punkte enthalten: das Aufgehen Sachsens in einem deutschen Nationalstaat, die Gleichheit aller Bürger vor dem Gesetz, die Freiheit der Person, des Eigentums, der Religion, der Presse, Rede, Meinung und Versammlung, die Wahrung des Briefgeheimnisses, die unentgeltliche Aufhebung aller Feudallasten, die Trennung von Staat und Kirche, allgemeines Wahlrecht, Schulgeldfreiheit und allgemeine Volksbewaffnung. Moßdorf erstrebte eine konstitutionelle Monarchie, in der der König zwar die Exekutive innehaben, jedoch der Kammer der Volksvertreter als der Legislative untergeordnet sein sollte. Damit übertraf sein Entwurf bei Weitem die von der gemäßigt liberalen Regierung Lindenau ins Auge gefassten Reformen, die zwar einige Forderungen des Bürgertums erfüllen und die größten Missstände in der Staatsverwaltung abstellen, jedoch Privilegien der feudalen Stände – vor allem des konservativen Landadels – unangetastet lassen sollten. So verwundert es nicht, dass der radikalere Bürgerverein bereits Anfang April 1831 verboten wurde. Kurz nachdem der Entwurf der Moßdorfschen »Constitution« in einer illegalen Vereinsversammlung am 15. April 1831 verlesen worden war, setzte eine Verhaftungswelle ein, der neben Moßdorf und Bertholdi rund 90 weitere Demokraten zum Opfer fielen. Man brachte sie in die Militärstrafkaserne nach Dresden-Neustadt und ernannte eine Untersuchungskommission, die sich in wochen- bzw. monatelangen geheimen Verhören mit ihnen befasste.

Schließlich wurden Moßdorf und Bertholdi als »Hauptradelsführer« jeweils zu 15 Jahren Festungshaft und 43 ihrer Anhänger zu mehrjährigen Zuchthaus- und Gefängnisstrafen verurteilt. Auf dem Königstein in Einzelhaft gehalten, waren Moßdorf und Bertholdi anfangs noch relativ optimistisch, denn sie hofften auf eine Amnestie im Zusammenhang mit der Hochzeit des Prinzen-Mitregenten. Als die ersehnte Nachricht jedoch ausblieb, sank ihr Mut und machte der Verzweiflung Platz. Unter dem 24. März 1832 ist in der Festungschronik zu lesen, dass »der in der Georgenburg 2. Etage Nom. 9 aufbewahrte Staatsarrestant Nudelfabrikant Bertholdi einen Entweichungsversuch (unternommen hat), indem er sich mittels zusammengebundener Bett-Tücher von dem dortigen Fenster aus bis auf die Georgenbatterie herabgelassen hat, von wo aus er nicht weiter kommen konnte und daher bei der Visitation von den Thoröffner vermißt und sogleich aufgegriffen wurde«. Als Strafe für den Fluchtversuch wurde Bertholdi vier Wochen lang nur mit Wasser und Brot verpflegt. Moßdorf dagegen reagierte sich ab, indem er den Platzadjutanten, Oberleutnant Fuchs, zu politischen Streitgesprächen herausforderte. In dem Glauben, ohnehin nichts mehr verlieren zu können, legte er diesem in absoluter Offenheit seine Ansichten dar. Wenn Fuchs ihm daraufhin riet, solche Gedanken besser nicht laut werden zu lassen, pflegte Moßdorf zu antworten: »Man muss vor allen Dingen den Mut besitzen, eine Meinung zu haben.« Auf diese Weise entstand ein gespanntes Verhältnis zwischen beiden, was sich durch zynische Äußerungen des Platzadjutanten gegenüber Moßdorf weiter zuspitzte. Hinzu kamen Auseinandersetzungen zwischen Moßdorf und dem Wachtmeister Kurze, der die Gefangenen bei ihren Spaziergängen auf der Festung zu begleiten hatte, sowie die demütigende Tatsache, dass die beiden Arrestanten von dem Polizeidiener Zienert bedient wurden, dem u. a. die Leerung der Toilettenkübel oblag. Der Hass Moßdorfs auf den Platzadjutanten steigerte sich schließlich so weit, dass es zu Tätlichkeiten kam. Laut Festungschronik unternahm am 1. September 1833 »der hiesige Staatsarrestant Advokat Moßdorf in seinem Arrestbehältnisse Nom: 11 einen meichelmörderischen Angriff auf das Leben des Platzadjutanten Oberlt. Fuchs, welchen er sich unter dem Vorwande mit ihm was Nöthiges zu sprechen zu haben, durch den Wachtmeister Kurze zu sich rufen ließ«. Moßdorf war beim Eintreten des Platzadjutanten in die Zelle mit einem Pfeifenrohr über ihn hergefallen, worauf der flüchtende Fuchs gerufen haben soll: »Sie haben verdient, nicht bloß geprügelt, sondern auch gehangen zu werden.« Vier Tage später, am Morgen des 5. September, wurde Moßdorfs Freund und Leidensgefährte Bertholdi in seiner Zelle tot aufgefunden. Er hing mit durchschnittenen Adern am Fenstergitter. Offenbar hatte er Selbstmord begangen. Die Nachricht darüber schockierte Moßdorf und versetzte ihn in Panik, sodass er einen Fluchtversuch unternahm. Aus Bettwäsche, Handtüchern und Hemden fertigte er sich ein 72 1/2 Ellen (etwa 41 Meter) langes Seil und begann in der Nacht vom 12. zum 13. September, eine Außenwand zu durchbrechen. Gegen 2.30 Uhr bemerkten der Adjutant, der Wachtmeister und die Schildwache den Lärm. Die Flucht wurde vereitelt und Moßdorf vorerst in Ketten gelegt. Das Kriegsministerium befahl daraufhin, ein ausbruchsicheres Gefängnis für ihn herzurichten. Der Platzadjutant wählte dazu die Zelle, in der Bertholdi umgekommen war. Möglicherweise wollte er Moßdorf zum Selbstmord treiben. Nachdem dieser – von Ketten befreit – am 13. November in das »befestigte Arrestlokal No: 9« gebracht worden war, rief er am Abend des 14. November um Hilfe und verlangte – unter dem Vorgeben, eine Erscheinung gehabt zu haben – eine andere Zelle. Als ihm diese verweigert wurde, versuchte er, die Wache zu überwältigen und zu fliehen, was wiederum misslang. Auf Befehl der Kommandantschaft wurde Moßdorf daraufhin erneut in Ketten gelegt. Am nächsten Morgen, dem 15. November 1833, fand man ihn tot – am Fenstergitter erhängt wie Bertholdi. Offiziell wurde als Todesursache Selbstmord angegeben, was jedoch schon allein wegen der Tatsache, dass Moßdorf in Ketten geschlossen war, sehr unwahrscheinlich ist. Bereits am 15. November ging auf der Festung das Gerücht um, dass Moßdorf erdrosselt worden sei. Aufgrund der herrschenden politischen Verhältnisse kam es jedoch zu keiner zivilgerichtlichen Untersuchung. Als Jahre später der Fall erneut aufgegriffen wurde, sagte ein Kanonier aus, er habe in der bewussten Nacht zwei in Mäntel gehüllte Gestalten in Moßdorfs Zelle gehen sehen. Doch letztendlich verlief auch diese Untersuchung ergebnislos. Offenbar hatten gewisse Staatsbeamte kein Interesse daran, die Wahrheit ans Licht zu bringen. So blieb es bei der Selbstmordversion.

Bevor das Jahr 1849 der Festung Königstein weitere bürgerliche Demokraten als Staatsgefangene brachte, ereignete sich am 19. März 1848 eine eher als kurios zu bezeichnende Geschichte, in deren Folge ein 18-jähriger Schornsteinfegergeselle namens Sebastian Abratzky mit zwölf Tagen Festungshaft bestraft wurde. Besagter junger Mann kam aus Mahlis bei Oschatz, befand sich auf der Wanderschaft und suchte Arbeit beim Bau der Eisenbahnlinie in Königstein. Am Sonnabend angekommen, nutzte er den Sonntagvormittag, um die Gegend zu erkunden. Auf dem Weg

Sebastian Abratzky

zur Festung fragte er die ihm begegnenden Leute, ob man in die Festung hinein dürfe. Wer Bekannte oben habe oder einen Taler und zehn Silbergroschen zahle, hieß es, der könne hinein.

Abratzky hatte jedoch weder das eine noch das andere. Deshalb musste er sich mit dem äußeren Anblick der Festung begnügen. Während seines Spazierganges auf dem rund um den Felsen verlaufenden Patrouillenweg entdeckte er eine Felsspalte, die einem Kamin ähnelte. Als gelernter Schornsteinfeger verstand er sich darauf, darin zu klettern, und so überkam ihn die Lust, sein Können hier unter Beweis zu stellen. Er stieg in der Felsspalte in die Höhe und kam schließlich wohlbehalten oben an. Als er sich über die Brustwehr schwang, wurde er von der überraschten Schildwache in Empfang genommen und dem Kommandanten vorgeführt. Nach einem vorläufigen Verhör ließ dieser ihn in die sogenannte Mohrenkammer einsperren, ein »Arrestlokal« in der Alten Kaserne. Da man sich der Harmlosigkeit des kühnen Bergsteigers noch nicht sicher war, legte man ihm vorsichtshalber Ketten an. Schließlich trat das Kriegsgericht zusammen und examinierte Abratzky aufs Neue, wobei sich dessen Ungefährlichkeit herausstellte. Nachdem er dem Kommandanten den Ort seines Auf- und Einstieges gezeigt hatte, wurde er nach einigen Tagen Arrest mit der Weisung, sich in seine Heimat zu begeben, entlassen. Später hat er seine Geschichte niedergeschrieben, drucken lassen und verkauft. Die Klettertour Abratzkys in dem später nach ihm benannten Kamin kann als eine Pioniertat des Bergsteigens in der Säch-

Otto Leonhard Heubner

sischen Schweiz angesehen werden, denn das Klettern war damals noch kein Volkssport. Dieser begann erst in den Sechzigerjahren des 19. Jahrhunderts. Zum Gedenken an die erste Ersteigung des Königsteins erklettern Bergsteiger gern am 19. März den Abratzky-Kamin.

Während im Frühjahr 1848 ein unbefugt eingedrungener Schornsteinfeger die kleine Welt der Festung Königstein in Aufregung versetzte, erschütterten die große Welt erneut revolutionäre Ereignisse. Die deutschen Staaten erhielten die Chance, die 1830/31 begonnene bürgerliche Umwälzung zu vollenden und gleichzeitig den schon von Moßdorf geforderten einheitlichen deutschen Nationalstaat zu schaffen. Während in Berlin und Wien die Märzrevolution 1848 siegte, wurde der offene Aufstand in Dresden vorerst durch die »stille Reform«, den Rücktritt der konservativen Landesregierung unter von Könneritz und den Einsatz des bürgerlichen »Märzministeriums« verhindert. Gleichwohl wuchs jedoch auch hier die demokratische Bewegung, und als im Frühjahr 1849 der sächsische König die liberale Reichsverfassung ablehnte, kam es am 3. Mai in Dresden zum Aufstand. In den Morgenstunden des folgenden Tages flohen der König, seine Familie und die königstreuen Minister auf den sicheren Königstein. Daraufhin konstituierte sich am Nachmittag in Dresden eine provisorische Regierung, der u. a. der Freiberger Kreisamtmann Otto Leonhard Heubner angehörte und die Michail Bakunin als eine Art Generalstabschef für den militärischen Kampf gewinnen konnte. Dieser tobte – nach

Michail Bakunin

einem kurzzeitigen Waffenstillstand – vom 5. bis zum 9. Mai. Dabei standen den rund 3000 schlecht bewaffneten Aufständischen etwa 5000 schwer bewaffnete sächsische und preußische Soldaten gegenüber. Die königlichen Truppen erhielten Unterstützung von der Festung Königstein, die am Abend des 7. Mai ein mit Munition beladenes Dampfschiff nach Dresden schickte. Wie Musikdirektor Röckel, einer der engagiertesten Teilnehmer des Maiaufstandes, in seinen Memoiren berichtet, geschah dies gegen den Widerstand der Einwohner der Stadt Königstein, die sich der Einschiffung der Munition widersetzten und erst nachgaben, als Geschütze der Festung auf die Stadt gerichtet wurden. Nach vier Tagen erbitterter Barrikadenkämpfe mussten sich die Aufständischen schließlich geschlagen geben. Der Widerstand der liberalen Bourgeoisie, die Unentschlossenheit vieler Kleinbürger und die unzureichende Unterstützung aus dem ganzen Lande sowie die Tatsache, dass die sächsischen Truppen nicht für die Revolution gewonnen werden konnten, führten zur Niederlage. Die Folge war eine Welle von Verhaftungen und Gerichtsverfahren, wie sie Dresden noch nicht gesehen hatte. Von 869 Untersuchungsgefangenen wurden 250 zu lebenslänglichen oder langjährigen Zuchthausstrafen verurteilt – darunter auch Otto Leonhard Heubner, Michail Bakunin und August Röckel, welche am 29. August 1849 unter stärkster militärischer Bewachung auf die Festung Königstein gebracht wurden. Ihnen folgten im Frühjahr 1850 der »Kommandant der Rebellen« Alexander Clarus

Alexander Clarus Heinze

Heinze und der Hauptmann Karl Friedrich von Rohrscheidt sowie 1851 der Rechtskandidat Franz Moritz Kirbach. Ebenso wie die Bürger der Stadt Königstein sympathisierte auch ein großer Teil der Festungsbesatzung, ja offenbar sogar der Kommandant, Generalmajor von Birnbaum, mit den Revolutionären. Wie Röckel berichtet, kam dieser des Öfteren zu ihm, »theils um zu inspiciren, theils um nach unseren Wünschen zu fragen«, wobei er »gern ein Viertelstündchen ganz gemüthlich verplauderte«. Besonders gut standen sich die Gefangenen mit den Soldaten, die sogar eine Flucht vorbereiteten. Allerdings vereitelte ein Zufall am letzten Tage die Ausführung des Plans. Heubner, Röckel und Bakunin saßen etwa zehn Monate in der Georgenburg, dann wurden die beiden Ersteren in das Zuchthaus Waldheim überführt und Bakunin an die Österreicher ausgeliefert. Heinze und Kirbach folgten nach einigen Monaten Festungshaft ebenfalls nach Waldheim, während Rohrscheidt bis 1854 auf dem Königstein blieb und dann entlassen wurde. Ursprünglich zu lebenslänglicher Zuchthausstrafe verurteilt, wurden die hier genannten alle um 1860 begnadigt, Röckel als Letzter 1862.

In der zweiten Hälfte des 19. Jahrhunderts füllten zahlreiche Armeeangehörige und Studenten das Gefangenenverzeichnis der Festung Königstein. Während Erstere meist wegen Misshandlung Untergebener für einige Wochen einsaßen, hatten sich die Letzteren größtenteils des verbotenen Duells schuldig gemacht. Es gab jedoch auch wiederholt politische Gefangene.

Thomas Theodor Heine

Deren bekanntester Vertreter war der Sozialdemokrat August Bebel. Im Leipziger Hochverratsprozess zu zwei Jahren Festungshaft verurteilt, verbüßte er im April / Mai 1874 drei Wochen davon auf dem Königstein. Bebel war einer der ersten Zivilgefangenen, die im Obergeschoss des Alten Zeughauses, welches man zu diesem Zwecke hatte ausbauen lassen, untergebracht wurden. In seinen Memoiren berichtet er anschaulich von der Haft auf dem Königstein, die ihm u. a. ein freundlicher alter Wärter erleichterte, der bereits 1849 bei Heubner, Röckel und Bakunin seinen Dienst versehen hatte. In den folgenden drei Jahrzehnten wurden mehrfach Zeitungsredakteure, Schriftsteller, Lehrer und Künstler, aber auch Fabrikanten und Kaufleute wegen »Majestätsbeleidigung« mit mehreren Monaten Festungshaft bestraft. Stellvertretend für alle seien hier der Karikaturist Thomas Theodor Heine und der Dramatiker Frank Wedekind genannt, die beide 1899 aus genanntem Grunde sechs bzw. sieben Monate lang den Königstein hüten mussten.

Frank Wedekind

MILITÄRISCHES UND ZIVILES LEBEN AUF DER FESTUNG

Bis in das 20. Jahrhundert hinein glich die Festung Königstein einer kleinen Garnisonsstadt, in der die ständig stationierten Offiziere und Soldaten sowie die Zivilbeamten gemeinsam mit ihren Familien lebten. Sie galt als selbstständiger militärischer Gutsbezirk und besaß alles, was zu ihrem unabhängigen Funktionieren notwendig war: eigene Gerichtsbarkeit, Marktrecht, Standesamt, Kirche, Friedhof und Schule sowie die wichtigsten Gewerke – eine Fleischerei, eine Bäckerei, einen Schuhmacher, Schneider, Böttcher, Tischler, Zimmermann, Maurer, Schmied, Schornsteinfeger und immer auch einen Arzt. Insofern hat das volkstümliche Lied »Auf der Festung Königstein ...«, in dem sämtliche einst hier vertretenen Berufsstände aufgezählt werden, durchaus einen historischen Hintergrund. Ursprünglich waren die Handwerker gleichzeitig Soldaten – beispielsweise Büchsenmeister und Schneider, Soldat und Fleischhauer, Corporal und Meister des Schuhmacherhandwerks. Später, im 19. Jahrhundert, wurden sie zum Teil auch als Zivilpersonen angestellt. Die Festungsbewohner versorgten sich weitestgehend selbst mit Lebensmitteln. Sie hielten Vieh, welches teils im Stall neben der Fleischerei (heutige Festungsbäckerei), teils in den Kasematten am Alten Zeughaus untergebracht war, besaßen Felder und Wiesen unterhalb der Festung und bauten auf derselben Obst und Gemüse an. Jede Familie hatte ihren Garten, der Kommandant und der Unterkommandant jeweils einen Zier- und einen Gemüsegarten. Am östlichen Teil der Alten Kaserne gab es eine Allee von Obstbäumen und zwischen Lazarett und Pulverturm einen Weinberg. Das Festungswäldchen – einst bestehend aus Eichen, Buchen, Linden, Ahornen, Ulmen, Fichten und Kiefern – war ein Nutzwald, dessen Holz zum Bauen und Heizen verwendet wurde.

Kommandantengarten und Brunnenhaus auf der Festung Königstein. Gemälde (Detail) von Bernardo Bellotto, gen. Canaletto. Manchester Art Gallery

Sämtliche Truppen der Besatzung sowie die Zivilbeamten und -angestellten standen unter dem Oberbefehl des Kommandanten, dem die Festung und das dazugehörige Gebiet anvertraut waren. Er wiederum unterstand bis 1831 direkt dem sächsischen König (bzw. bis 1806 dem Kurfürsten), dann dem neu gebildeten Kriegsministerium. Der Kommandant hatte auf dem Gebiet der Festung die Polizeigewalt und die Territorialgerichtsbarkeit inne. Über die Ausübung derselben gibt die Festungschronik Auskunft. Die Verhaftung und der Arrest Sebastian Abratzkys wurden bereits genannt. Ein ähnlich harmloser, aber zeittypischer Fall ereignete sich Anfang Mai 1865. Das Kriegsgericht trat zusammen, weil die Ehefrau des Handwerkersoldaten Schreiber mehrere Rosenstöcke des Zeugdieners Stephan abgebrochen hatte, und bestrafte sie mit einem Tag Gefängnis. Weitaus härter war das Urteil, welches bereits 1610 über den Festungshauptmann Wolf Friedrich von Beon gefällt wurde. Wegen Unterschlagung von

Südseite der Festung Königstein mit Weinanbau und Pulverturm.
Lithografie von Schirnding/Arldt, um 1850

Verpflegungsgeldern, Proviantvorräten, Brennholz und Baumaterial wurde er zum Tode verurteilt und in der Nähe der Christiansburg an einem über die Festungsmauer ragenden Ast eines Baumes erhängt. Sein mitschuldiger Diener Türck wurde zu lebenslänglicher Haft verurteilt, die er in einem Verlies zwischen Georgenburg und Hungerturm, welches später das »Türcken-Loch« genannt wurde, verbüßte.

Die wichtigste Aufgabe des Kommandanten war natürlich die Sorge um die Erhaltung der gesamten Festung und deren Verteidigungsfähigkeit. Ihm folgte im Rang der Unterkommandant als

Moritz von Rockhausen, Generalleutnant und Kommandant der Festung Königstein von 1852 bis 1859. Lithografie (Detail) von Rayski / Schieferdecker, 1855

sein Stellvertreter, dem bei Anwesenheit des Kommandanten hauptsächlich die Aufsicht über die Wachen und Kasernen, die Ausbildung der Infanteriebesatzung, die Festungsarrestanten und die »Arrest-Behältnisse« oblag. Laut Dienstreglement der Festung Königstein vom Jahre 1846 gehörten zur Kommandantschaft weiterhin der Festungsingenieur, der Artilleriekommandant, der Kommandant des Infanterie-Detachements, der Festungsadjutant und der Festungsauditeur, die jeweils direkt dem Kommandanten unterstellt waren. Der Festungsingenieur war der Baumeister der Festung, ihm oblag die Aufsicht über alle Verteidigungsanlagen und Gebäude. Nötigenfalls hatte er für deren Reparatur oder Neubau zu sorgen. Der Artilleriekommandant dagegen war für sämtliche Geschütze, deren Munition und sonstiges Zubehör sowie den Zustand der Schießscharten, Geschützbänke usw. verantwortlich. Außerdem verwahrte er die Schlüssel der Zeughäuser und Pulvermagazine, hatte die Untergebenen auszubilden und sich mit der näheren und weiteren Umgebung der Festung vertraut zu machen. Der Kommandant des Infanterie-Detachements, welches alle drei Monate wechselte, musste für die Ausbildung seiner Truppen und den brauchbaren Zustand der Ausrüstung sorgen. Dem Festungsadjutanten oblagen die schriftlichen Arbeiten beim Kommandanten, die Beförderung seiner Befehle, die Führung des Festungstagebuches, das Öffnen und Schließen der Tore und die tägliche Kon-

Familie des Festungskommandanten von Oer, 1900

trolle der sicheren Verwahrung der Gefangenen. Unterstellt waren ihm der Festungswachtmeister sowie sämtliche Handwerker und unteren Beamten. Der Festungsauditeur schließlich verwaltete die Gerichtsbarkeit auf dem zur Festung gehörenden Gebiet, führte das Einwohnerverzeichnis und verwahrte das Festungsarchiv.

Den hier Genannten gleichrangig war der Festungsprediger. Als »Civil-Staatsdiener« unterstand er sowohl dem Kommandanten als auch der geistlichen Behörde. Gleichzeitig oblag ihm als »Lokal-Schulinspector« die Aufsicht über den Schulunterricht. Er hatte »daher die Schule fleißig zu besuchen, den Unterricht zu überwachen, wahrgenommene Mängel abzustellen oder, wenn er höheres Einschreiten für nöthig erachtet, dem Commandanten, als Chef des Schulvorstandes, hierüber Anzeige zu erstatten«. Ferner sollte er »darüber wachen, dass die Kinder der Festungsbewohner, sobald sie das schulpflichtige Alter erreicht haben, der Schule übergeben werden und solche regelmäßig besuchen«.

Entwickelt hatte sich die Garnisonsschule nach dem Dreißigjährigen Krieg aus dem Privatunterricht, den Soldaten ihren Kindern erteilten. 1658 bat erstmals ein Soldat und Musterschreiber

Gärten am Neuen Zeughaus, um 1900

namens Börstell um die Schulstelle, »inbetracht es denen Kindern wegen meiner Schreiberei und Rechenkunst zu merklichen nuzen gereichen würde«. Seit 1696 war die Schulstelle mit der des Kantors verbunden. Dieser hatte »den öffentlichen Schulunterricht vorschriftsmäßig zu besorgen, den von ihm mit dem Geistlichen entworfenen, von dem Schulvorstande zu prüfenden und zu genehmigenden Stundenplan genau zu beobachten und bei den öffentlichen Schulprüfungen die geordneten Censurlisten vorzulegen«. Die Zahl der schulpflichtigen Festungskinder schwankte je nach Art und Stärke der Besatzung. Während 1728 insgesamt 179 Kinder (einschließlich der jüngsten) auf der Festung lebten, zählte man ein Jahrhundert später nur etwa 100. Um 1900 bestand die Garnisonsschule aus zwei gemischten Klassen zu je vier Jahrgängen. Der Unterricht wurde im Schulzimmer in der Alten Kaserne abgehalten. Höhepunkte im Leben der Kinder waren die jährliche Christbescherung am Heiligen Abend, für die der Kommandant Mittel aus dem »Führerfonds«, in den die Führungsentgelte flossen, zur Verfügung stellte, und die seit 1879 nachweisbaren Schulausflüge im Sommer, wobei die Kinder u. a. Schloss Weesenstein, Pillnitz, das Prebischtor (Pravcicha brána) und Tetschen (Decin) kennenlernten.

Neben dem Pfarrer und dem Kantor war der Proviantverwalter als weiterer »Civil-Staatsdiener« direkt dem Kommandanten unterstellt. Er hatte außerdem die Funktion des Bauschreibers und war in dieser Hinsicht dem Festungsingenieur untergeordnet.

Schließlich ist der Festungsarzt zu nennen. Im 19. Jahrhundert war das ein aus der Armee kommandierter Bataillonsarzt. Er hatte sich um alle Kranken auf der Festung zu kümmern, ganz gleich, ob es sich um Militär- oder Zivilpersonen oder auch um Gefangene handelte. In Bezug auf Letztere war er strengstens angewiesen, die Unterhaltung auf den Gesundheitszustand zu beschränken und keinerlei Briefe oder mündliche Aufträge zur weiteren Besorgung anzunehmen. Da dem Festungsarzt auch die Funktion des Gerichtsarztes auf der Festung oblag, hatte er bei Aufforderung durch das Festungskriegsgericht auch entsprechende Besichtigungen, Sektionen usw. vorzunehmen. Darüber hinaus gehörte es zu seinen Pflichten, einmal monatlich die Mannschaft zu untersuchen, die Krankenwärter zu beaufsichtigen und zu instruieren sowie alles, »was in gesundheitspolizeilicher Beziehung von ihm als nachteilig wahrgenommen« wurde, »unverweilt dem Commandanten zur Abstellung anzuzeigen«.

Zum Festungsalltag gehörte auch der Markt. Dieser wurde auf dem Augustusplatz abgehalten. Der Festungswachtmeister fungierte dabei als »Marktmeister« und hatte u. a. darauf zu achten, dass stets Lebensmittel von guter Beschaffenheit und zu niedrigen Preisen angeboten wurden, und dass Maß und Gewicht stimmten. Solange Festungsbäcker und Festungsfleischer gute und preiswerte Ware anboten, war der Verkauf fremder Back- und Fleischwaren auf der Festung untersagt. Mit Luxusartikeln handelnden Personen war

Denkmal König Johanns von Sachsen

der Eintritt ebenfalls nicht gestattet. Sie durften ihre Waren jedoch in der Nähe des Tores unter Aufsicht der Wache verkaufen.

Bis 1834 hatten die Bewohner der Stadt und der umliegenden Dörfer für die Festung Frondienste zu leisten. Dazu gehörten Spanndienste, d. h. die Anfuhr von Holz und Salz, und Handdienste, wie das Treten des großen Rades im Brunnenhaus zur Wasserförderung und das des Kranichs sowie das Wenden von Korn im Proviantmagazin. Wurde großes Hoflager auf der Festung gehalten, mussten die Brauhäuser Zinngeschirr und sonstiges Tischgerät, die Althäusler (die auf dem Altenteil lebenden alten Kleinstbauern) ihre Betten zur Verfügung stellen.

Ein Höhepunkt im Leben der Festungsbewohner war jedes Jahr der Geburtstag des sächsischen Königs, der im Laufe der Zeit in modifizierter Weise, doch stets feierlich begangen wurde. 1871 beispielsweise begann der Festtag früh um 5.00 Uhr mit der »Reveille«, dem Wecken durch Spielleute, und dem Aufziehen sämtlicher Fahnen. Am Vormittag um 11.00 Uhr traten die Besatzung (im Paradeanzug), die Ober- und Unterbeamten und die Handwerkersoldaten im Neuen Zeughaus an, wo die Parole ausgegeben wurde und der Festungskommandant eine Ansprache hielt. Dieser Appell schloss mit einem dreimaligen »Hoch« auf Seine Majestät den König. Mittags 12.00 Uhr wurden je zehn Salutschüsse aus drei 24-pfündigen Kanonen abgefeuert – von der Batterie an der Königsnase, von der Position am Weinberge und von der Hornbatterie aus.

Artillerie und Bedienungsmannschaften am Fuße der Festung, vor 1915

Am Nachmittag um 2.00 Uhr versammelten sich die Offiziere zu einem Diner in der »Restauration« (wahrscheinlich in der Friedrichsburg). Beim Toast auf Seine Majestät wurden nochmals drei Schüsse aus dem 24-Pfünder am Horn abgefeuert. Auch die Mannschaften erhielten an diesem Tage Sonderzuwendungen. Ihr Mittagessen bestand aus Suppe, Braten und Kartoffelsalat, abends erhielten sie Bier und Zigarren. Den Festtag beendeten der Zapfenstreich und das Einholen der Fahnen. Wie sehr die Festung mit dem königlichen Hause verbunden war, zeigt auch das Begrüßungszeremoniell für den König, wenn er mit seiner Familie den Königstein besuchte. Während das Dienstreglement von 1846 21 Kanonenschüsse zur Begrüßung vorschrieb, wurden nach 1871 sogar 33 Schüsse abgefeuert. Das Schießen begann, sobald die Wagen der Allerhöchsten Herrschaften unterhalb der Festung wahrgenommen wurden. Mit dem ersten Schuss erfolgte das Hissen der sächsischen Flagge auf der Georgenburg, die weiteren Schüsse mussten so eingeteilt werden, dass der letzte fiel, wenn sich der König der Roten Brücke näherte. In Höhe des Horns empfingen Kommandant und Unterkommandant die hohen Gäste und gingen mit ihnen gemeinsam zu Fuß zur Festung hinauf. Dort, zwischen Magdalenenburg und Schatzhaus, stand die Infanterie als Ehrenwache formiert; die Ober- und Unterbeamten, Handwerker und sämtliche Frauen und Kinder versammelten sich am Brunnenhaus. 1874 war für König Albert am Ausgang des hellen Aufganges sogar eine Ehrenpforte erbaut worden, und zwei kleine Mädchen streuten von der Wagenwinde an Blumen. Hatte der König das Brunnenhaus erreicht, brachte der Zeug-Feldwebel ein »Hoch« aus und Seine Majestät nahmen die Ehrenwache ab. Anschließend begaben sich die Allerhöchsten Herrschaften entweder in die Königszimmer im Torhaus oder – wenn sie im Laufe des Vormittags angekommen waren – zum Frühstück in die Friedrichsburg. Danach folgte der Festungsrundgang – meist mit Besichtigung des Brunnens, der Zeughäuser und Kasematten. Von der Königsnase oder Elbbatterie aus wurden blinde Schüsse zur Beobachtung des Echos, aus den Depressionsgeschützen scharfe Schüsse auf eine Scheibe in der Elbe abgegeben. Verließ der König die Festung, so wurde er wiederum mit 33 Kanonenschüssen verabschiedet.

Wollten die »kleinen Leute« auf der Festung Besuch empfangen, so mussten sie dazu die Erlaubnis beim Kommandanten einholen. Übernachtungen bedurften der besonderen Genehmigung. Der Gast erhielt dann eine Aufenthaltskarte, die beim Verlassen der Festung wieder abgegeben werden musste. In Anbetracht der Tatsache, dass die Festung Königstein in erster Linie ein militärisches Objekt war, welches dem Kriegsministerium unterstand, erscheinen diese Vorschriften verständlich – so unbequem sie für den einzelnen Bewohner auch gewesen sein mochten. In friedlichen Zeiten allerdings wurden auch Fremde, die keine Verwandten auf der Festung hatten, zur bloßen Besichtigung gegen ein Entgelt eingelassen. Sie durften sich jedoch nicht

Ausblick von der Nordseite der Festung auf den Lilienstein, die Elbe und die Stadt Königstein

frei auf dem Plateau bewegen, sondern mussten sich einem Führer anschließen, der ihnen ausgewählte Sehenswürdigkeiten wie den Brunnen, die Friedrichsburg mit Pagenbett und die Aussicht von der Königsnase zeigte. Als Führer betätigten sich anfangs dienstfreie Unteroffiziere, später auch andere Unterbeamte. Auf militärische Objekte hinzuweisen, war ihnen jedoch streng verboten. Bereits Mitte des 19. Jahrhunderts gab es einen öffentlichen Ausschank im Erdgeschoss der Friedrichsburg, wo die Gäste eine Erfrischung zu sich nehmen konnten.

DER AUSBAU ZUM SPERRFORT DES DEUTSCHEN REICHES

In der zweiten Hälfte des 19. Jahrhunderts prägten vor allem zwei Faktoren die Geschichte Sachsens: einerseits die rasante Entwicklung von Wirtschaft, Wissenschaft und Technik und andererseits die Entwicklung hin zur Einheit Deutschlands unter preußischer Vorherrschaft und schließlich deren Vollzug. Beide Faktoren wirkten sich unmittelbar auf die Geschichte der Festung Königstein aus. Von wesentlicher Bedeutung für ihre weitere strategische Rolle war der Bau der sächsisch-böhmischen Eisenbahn im Elbtal. 1851 wurde diese wichtige Nord-Süd-Verbindung eingeweiht. Im Kriegsfall kam der Festung die Funktion einer Bahnsperre zu. Die Eisenbahngleise wurden an einer bestimmten Stelle unterhalb der Festung über eine sogenannte strategische Brücke gelegt. Diese und der auf ihr ruhende Gleisabschnitt waren leicht zu demontieren. Der Wiederaufbau der Brücke durch den Feind konnte mithilfe der Depressionsgeschütze der Festung verhindert werden.

Eine weitere wichtige technische Neuerung war die Inbetriebnahme einer unterirdischen Telegrafenverbindung zwischen Dresden und der Festung im Jahre 1850. Schließlich sei auf die sprunghafte Entwicklung der Artillerie in dieser Zeit hingewiesen. Die Firma Krupp stellte ab 1855 Gussstahlgeschütze als Hinterlader mit gezogenem Rohr her, die eine wesentlich größere Reichweite und Treffsicherheit besaßen als die bis dahin üblichen Vorderlader mit glattem Rohr. Eine 9-cm-Kanone schoss jetzt 3500 Meter weit, der glatte 6-Pfünder nur 1300 Meter. In Sachsen kamen die neuen Geschütze ab 1860 zum Einsatz. Diese Entwicklung sowie die Einführung der Schießwollgranate 1883, die alle herkömmlichen Kasemattengewölbe zerschlagen konnte, zogen bedeutende Veränderungen im Festungsbau nach sich.

Königstein mit Bahnlinie. Kolorierte Lithografie eines unbekannten Künstlers, 1860

Doch bevor es auf dem Königstein dazu kam, warf der drohende preußisch-österreichische Konflikt seine Schatten voraus. Angesichts erneuter Kriegsgefahr war die Festung wiederholt als Auslagerungsort für den sächsischen Staatsschatz, Archiv- und Kunstgut von Interesse. Für diesen Zweck war bereits 1853 eine aus dem Jahre 1804 stammende Kasemattenanlage an der Elbseite der Festung zur Schatzkasematte umgebaut worden. 1854/55 folgte der Neubau eines damals noch bombenfesten Schatzhauses. Zwischen 1859 und 1864 barg es bis zu 3,5 Millionen Taler.

Im Frühjahr 1866 verstärkten sich die preußisch-österreichischen Diskrepanzen so sehr, dass Preußen zu direkter Kriegsvorbereitung schritt. Sachsen als traditioneller Bundesgenosse Österreichs machte sich ebenfalls kriegsbereit. Das galt auch für die Festung Königstein. Am 19. April wurde deren Verproviantierung für drei Monate und die Einrichtung eines Hospitals für 60 Kranke angeordnet. Am 23. April begann das Abholzen des dem Festungsgebiet einverleibten Quirl-Plateaus. Vier Wochen später wurde die Besatzung mit drei Offizieren, 24 Unteroffizieren, sechs Signalisten und 321 Soldaten verstärkt. Sie zählte jetzt insgesamt etwa 470 Mann. Am 22. Mai begannen die Ingenieurarbeiten zur Verteidigung der Festung und deren Armierung. Parallel dazu

Schatzhaus von Südosten

wurden große Mengen Pulver und Munition antransportiert. Nachdem schließlich am 16. Juni preußische Truppen die sächsische Grenze überschritten hatten, verkündete der Kommandant am 18. Juni den Kriegszustand. Am gleichen Tage wurden im Schatzhaus rund 250 000 Taler eingelagert und die Bahnlinie unterhalb des Königsteins unterbrochen. Seit dem 19. Juni waren das »grüne Thor« (die heutige Pforte) und die Dunkle Appareille verrammelt sowie die hölzerne Brücke vor dem Torhaus abgetragen, am 20. Juni wurde die Zugbrücke an der Grabenschere hochgezogen und die Besatzung alarmiert. Die preußischen Truppen hatten inzwischen ganz Sachsen besetzt und schickten sich an, nach Böhmen zu marschieren. Am 28. Juni erfolgte schließlich die Sperrung der Elbe durch quer über den Fluss verankerte Kähne. Die Festung Königstein war also durchaus auf Kampfhandlungen vorbereitet. Diese blieben aus, da der Feind seinen Weg nach Böhmen unter Umgehung der Festung über Zittau nahm. Insofern hatte sie ihre Sperraufgabe erfüllt. Am 3. Juli kam es bei Königgrätz zur Entscheidungsschlacht, in der die Preußen die verbündeten Österreicher und Sachsen besiegten. Nachdem die kämpfenden Seiten am 21. Juli einen Waffenstillstand vereinbart hatten, schlossen der preußische General von Schack und der Kommandant der Festung, Generalleutnant von Nostitz, am 29. Juli unterhalb der Festung in der Neuen Schänke eine Konvention ab. In dieser erklärten sie den Königstein für neutral und gaben die Eisenbahnlinie und die Elbe wieder frei. Mit Unterzeichnung des Friedensvertrages zwischen Preußen und Sachsen am 21. Oktober 1866 trat Sachsen dem Norddeutschen Bund bei. Dieser stellte einen wesentlichen Schritt auf dem Wege zum einheitlichen deutschen Nationalstaat dar. Die sächsische Armee wurde nach preußischem Muster reorganisiert und auf die Eingliederung in die Bundesarmee vorbereitet. Auch die Festung Königstein wurde in diese Entwicklung einbezogen und erhielt vorübergehend einen preußischen Kommandanten und preußische Mitbesatzung.

Während des deutsch-französischen Krieges 1870/71, an dem die sächsische Armee als XII. Bundeskorps teilnahm, diente der Königstein erstmals als Kriegsgefangenenlager. Nach der Schlacht bei Sedan, im September 1870, trafen die ersten 493 französischen Gefangenen auf der Festung ein. Im November desselben Jahres folgten noch einmal 200. Sie wurden im Neuen Zeughaus, in der Magdalenenburg und in den Kasematten untergebracht. Als Verpflegung erhielten sie morgens und abends jeweils eine Suppe und täglich ein halbes Pfund Brot. Dafür mussten sie schwerste körperliche Arbeit verrichten: Sie hatten Erde zum Bau von Batteriewällen zum Teil mithilfe des Kranichs, zum Teil aber auch in Säcken auf ihrem Rücken vom Fuße der Festung auf das Plateau zu transportieren. Die Errichtung der Batteriewälle war eine Reaktion auf die Weiterentwicklung der Angriffswaffen. Da die steinerne Brustwehr gegenüber dem verbesserten Flachfeuer der gezogenen Kanonen keinen Schutz mehr bieten konnte, wurden die Geschütze der Festung jetzt hinter 4 Meter starken Erdwällen postiert. Die Errichtung derselben zog sich bis 1895 hin. Seit 1878 wurden Arbeitssoldaten und Militärstrafgefangene dazu herangezogen. Insgesamt entstanden acht Batteriestellungen zur Rundumverteidigung.

Pulvermagazin Nr. 2 von 1735, 1876 ummantelt

Am 5. April 1871 hielt die damals moderne Technik auch im Brunnenhaus Einzug. Der Maschinenfabrikant Petzoldt aus Döhlen übergab der Garnisonverwaltung eine zum Wasserziehen bestimmte Dampfmaschine. Diese löste das bis dahin in Betrieb gewesene Tretrad ab.

Was die Politik angeht, so war der deutsch-französische Krieg um diese Zeit bereits für Deutschland siegreich beendet und das Deutsche Reich gegründet. Der Königstein wurde als einzige sächsische Festung in das gesamtdeutsche Festungssystem eingegliedert, erhielt 1873 wieder einen sächsischen Kommandanten und wurde weiter modernisiert. Neben dem Bau der Batteriewälle erfolgte 1876 die Ummantelung von zwei der 1735/36 unter Leitung von Jean de Bodt gebauten Pulvermagazine, von denen heute nur noch eins existiert: das Pulvermagazin Nr. 2.

Für den Fall eines Krieges war die Armierung mit gezogenen 9-, 12- und 15-cm-Kanonen für den Fernkampf (Schussweiten 3500 bis 4500 Meter) und glatten 9-cm-Depressionsgeschützen, 12-cm-Granatstücken, glatten 15- und 23-cm-Mörsern sowie

Kriegskaserne II

Rollbomben und Handgranaten für den Nahkampf vorgesehen. 1878 kamen noch 15-cm-Ringkanonen mit einer Schussweite von 8000 Metern hinzu.

Nachdem 1878/79 hinter dem Alten Zeughaus bei Zobels Eck ein neues Lazarett mit fünf Krankenzimmern errichtet und das ehemalige Artillerielaboratorium in der Nähe der Königsnase zur katholischen Kapelle umgebaut worden war, begann in den Achtzigerjahren der grundlegende Umbau der Festung zum modernen Sperrfort. Diesem fielen u. a. die beiden alten Pulvertürme, fünf der sechs Pulvermagazine Jean de Bodts sowie alle fünf Kasernen auf dem westlichen Teil des Plateaus zum Opfer. An deren Stelle entstanden zahlreiche Neubauten, die – da oberirdische Gebäude nicht mehr ausreichend Schutz boten – größtenteils in den Felsen hineingebaut wurden. Dazu mussten Tausende Kubikmeter Sandstein herausgesprengt werden. Das dabei gewonnene Gestein wurde zerstoßen und dann als Schüttmaterial verwendet. Als erste beschussfeste Neubauten entstanden 1880 die später als Kriegskaserne II bezeichnete Kasemattenanlage gegenüber der Bäckereikasematte und ein unterirdisches

Munitionsladesystem an der Südseite. Letzteres bestand aus einem Verbrauchspulvermagazin, einem Verbrauchsgeschossmagazin und dem Laderaum. Hier sollte die für die Geschütze notwendige Munition – bestehend aus Geschoss und Kartusche mit Treibladung – zusammengebaut werden. Allerdings wurde dieses Ladesystem 1898 zu einem schusssicheren Unterstand, also einem Schutzhohlraum für die Artilleristen, umgebaut. 1882 begann man mit dem Abtragen des defekten Kasemattenabschnitts zwischen dem Kranich und Hempels Eck. 1884/85 wurde dieser unter Leitung des »Ingenieur-Offiziers vom Platz«, Oberstleutnant von Scheibner, als »Kriegskaserne No. 3« neu aufgebaut und 1887 von der Infanteriebesatzung bezogen. 1884 erfolgte auch der Bau von mehreren Artillerieuntertreteräumen; einer davon wurde direkt über der Schatzkasematte angelegt und dient ihr noch heute als Eingang. 1888/89 schloss sich die Errichtung der Kriegskaserne I zwischen Kirche und Lazarett und des

Kriegskaserne III

Artillerieuntertreteraum III, Zugang zur Schatzkasematte

Verbindungsgang zwischen dem Munitionsladesystem der Batterie VII
und der Kriegskaserne I

Kriegskaserne I

mit dieser in Verbindung stehenden Munitionsladesystems mit Untertreteraum an. In den insgesamt zehn Gewölben der Kaserne, die 1890 von der Artilleriebesatzung bezogen wurde, konnten maximal 400 Mann untergebracht werden. Auf der Kaserne befindet sich die Batterie VII mit vier Haubitzstellungen.

Bei all den rein militärischen Neubauten vergaß man auch nicht die Sicherung des Brunnens. Immerhin war dieser weiterhin das »Herz« der Festung. Deshalb wurde 1889 unter Beibehaltung des Sandsteingewölbes unmittelbar über dem Brunnen eine auf Eisenträgern ruhende Granitstampfbetondecke eingezogen. Im gleichen Jahr begann auf dem westlichen Plateau anstelle der abgetragenen Kasernen der Bau der Batterie VIII mit vorerst drei Geschützständen, einem Munitionsladesystem und zwei Untertreteräumen. Hier sollten 12-cm-Kanonen mit einer Schussweite von 7200 Metern zur Aufstellung

Batterie VII mit vier Haubitzstellungen auf der Kriegskaserne I

kommen. Parallel dazu wurde im Festungswäldchen anstelle des bereits ummantelten, jetzt aber nicht mehr beschussfesten Pulvermagazins Nr. 5 ein neues, unterirdisches Kriegspulvermagazin errichtet. Nach dessen Fertigstellung im Jahre 1891 erfolgte als letzter Bau dieser Art das Kriegslazarett zwischen Kirche und Friedrichsburg.

Bei den drei Kriegskasernen, den Munitionsladesystemen und dem Kriegspulvermagazin war die Sicherheit jeweils durch eine etwa 3 Meter starke Decke gegeben – bestehend aus einem 1 Meter starken Sandstein- oder Ziegelgewölbe, einem ebenso starken Sandpolster und einer etwa 1 Meter starken Granitbetondecke als Zerschellschicht. Das Kriegslazarett dagegen besitzt als erster und einziger Kasemattenbau auf der Festung Königstein Monierdeckung, d. h., die Gewölbe sind in 20 Zentimeter starkem Stahlbeton ausgeführt. Auf diese Gewölbe folgen Sandpolster

Zugang zum Munitionsladesystem der Batterie VIII

und Stampfbetonschicht wie bei den anderen genannten Bauten sowie eine Erddeckung. Eine Zwischendecke gleichen Aufbaus, nur ohne die Erddeckung, wurde im selben Jahr auch im Vorraum zum Brunnen eingezogen.

1892 erhielt die Kriegsbäckerei einen schusssicheren Vorbau und das Brunnenhaus eine elektrische Beleuchtungsanlage. Für das Jahr 1894 vermerkt der Schreiber der Festungschronik die Fertigstellung der Fernsprechleitung und für 1895 die Verlegung

Mannschaftsbaracke, vor 1915

Mannschaftsbaracke, aktueller Zustand

des Offizierskasinos in die ehemalige Fleischerei. Abgesehen von verschiedenen Um- und Ausbauten waren außerdem die Errichtung der Kaserne B als Wohnhaus für verheiratete Unteroffiziere 1897 und die der Mannschaftsbaracke 1899 die letzten größeren Bauvorhaben auf dem Königstein. Die Umgestaltung der Festung zum Sperrfort des Deutschen Reiches war damit vollzogen. Den Wandel verdeutlicht ein Vergleich der beiden Lagepläne von 1881 und 1914.

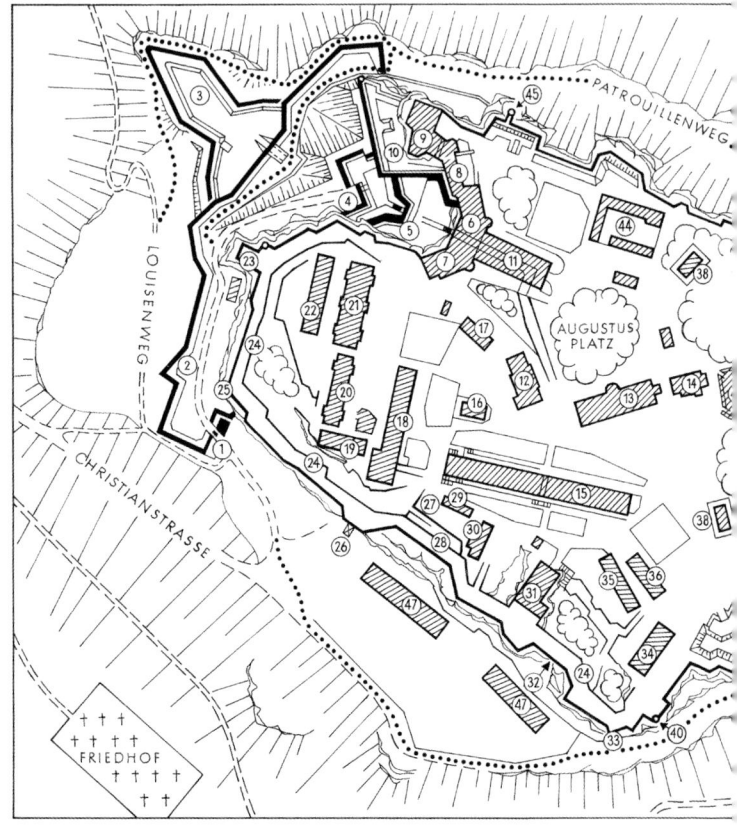

Lageplan 1881. Nach: Scholze, Joachim, Die Bergfestung Königstein, Beilage 2.3

 1 Rote Brücke
 2 Niedere äußere Werke
 3 Flèche (Pfeilschanze)
 4 Hornravelin
 5 Grabenschere mit Medusentor
 6 Torhaus
 7 Kommandantenhaus /
   Teil des Torhauses
 8 Streichwehr
 9 Georgenburg
10 Georgenbatterie
11 Neues Zeughaus /
   vormals Johannissaal
12 Brunnenhaus
13 Magdalenenburg
14 Garnisonskirche
15 Alte Kaserne
16 Schatzhaus
17 Pferdestall
18 Kaserne B
19 Kaserne F / vormals Proviantmagazin
20 Kaserne C
21 Kaserne D
22 Kaserne E
23 Horn
24 Kasematten 1766–1832

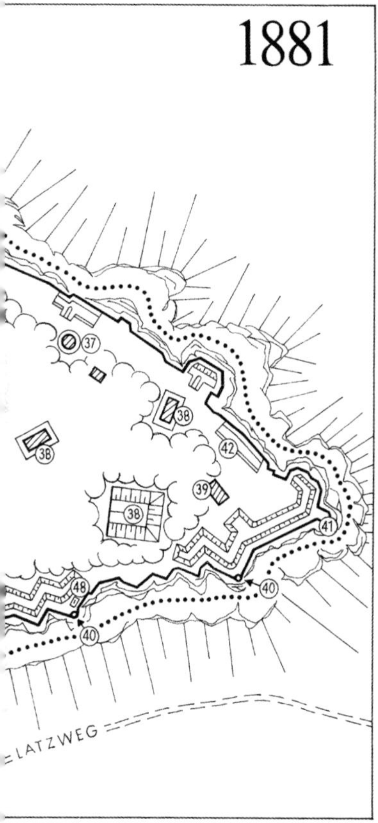

1881

25 Hempels Eck
26 Kranich
27 Kriegskaserne II
28 Bäckereikasematte
29 Stall
30 Fleischerei und
   Fleischerwohnung
31 Altes Zeughaus
32 ehemaliges Burgtor
33 Zobels Eck
34 Lazarett
35 Artillerieschuppen
36 Magazin-Schuppen

37 Pulvertürme A und B
38 Pulvermagazine 1 bis 6
39 Pulvermagazin /
   Artillerielaboratorium
40 Wachtürme
41 Königsnase
42 Schatzkasematte
43 Friedrichsburg
44 Bauhof
45 Rößchen
46 Parkzisterne
47 Artilleriewagenschuppen A und B
48 Pestkasematte

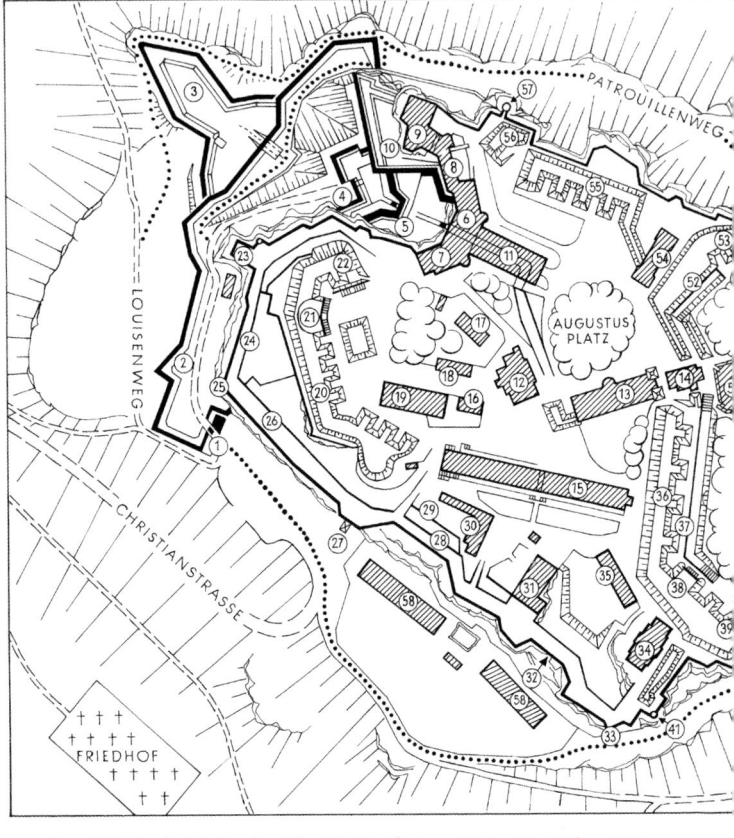

Lageplan 1914. Nach: Scholze, Joachim, Die Bergfestung Königstein, Beilage 2.4

1 Rote Brücke
2 Niedere äußere Werke
3 Flèche (Pfeilschanze)
4 Hornravelin
5 Grabenschere mit Medusentor
6 Torhaus
7 Kommandantenhaus /
  Teil des Torhauses
8 Streichwehr
9 Georgenburg
10 Georgenbatterie
11 Neues Zeughaus
12 Brunnenhaus
13 Magdalenenburg
14 Garnisonskirche
15 Alte Kaserne
16 Schatzhaus
17 Pferdestall
18 Hauptwache
19 Mannschaftsbaracke
20 Batterie VIII
21 Munitionsladesystem der Batterie VIII
22 Artillerieuntertreteraum IX
23 Horn mit Seigerturm
24 Kaserne IV
25 Hempels Eck

1914

26 Kriegskaserne III
27 Lastenaufzug
28 Bäckereikasematte
29 Kriegskaserne II
30 Offizierskasino
   und Speiseanstalt
31 Altes Zeughaus
32 ehemaliges Burgtor
33 Zobels Eck
34 Friedenslazarett
35 Artillerie-Schuppen
36 Batterie VIII
37 Kriegskaserne I

38 Munitionsladesystem der
   Batterie VII und
   Artillerieuntertreteraum
39 Batterie VIa und b
40 Batterie V mit
   Artillerieuntertreteraum
41 Wachtürme
42 Pestkasematte
43 Kriegspulvermagazin
44 Katholische Kapelle
45 Batterie IV mit Artillerieuntertreteraum
46 Königsnase
47 Schatzkasematte mit Artillerieuntertreteraum
48 Batterie III
49 Friedrichsburg
50 Geschossmagazin,
   ehemals Pulvermagazin Nr. 2
51 Parkzisterne
52 Kriegslazarett
53 Batterie II
54 Kaserne B
55 Batterie I
56 Artillerieuntertreteraum
57 Rößchen
58 Artilleriewagenschuppen A und B

DAS ENDE DER MILITÄRISCHEN FESTUNGSGESCHICHTE

Ende des 19. Jahrhunderts entwickelte sich die Waffentechnik derart schnell weiter, dass die Neubauten auf der Festung Königstein bereits wenige Jahre nach ihrer Fertigstellung wieder als veraltet gelten mussten. Für einen ausreichenden Schutz waren nach 1900 mindestens 2,5 Meter starke Betondecken nötig. Diese Entwicklung im Festungsbau ging jedoch am Königstein spurlos vorüber. Da Deutschland mit Österreich-Ungarn verbündet war, gab es keine Veranlassung zur nochmaligen Modernisierung des Sperrforts an der deutsch-österreichischen Grenze. Bezeichnend für dessen verminderte strategische Bedeutung war die Änderung des Unterstellungsverhältnisses. Ab Oktober 1902 unterstand die Kommandantur der Festung nicht mehr direkt dem sächsischen Kriegsministerium, sondern dem Generalkommando des XII. Armee-Korps. 1913 beschloss der Reichstag die Streichung der Kommandantenstelle aus dem Militäretat. Die Geschäfte der Kommandantur übernahm jetzt ein Stabsoffizier. Bei Ausbruch des Ersten Weltkrieges wurde die Festung Königstein schließlich erstmalig nicht in Verteidigungszustand gesetzt. Stattdessen diente sie – wie schon 1870/71 – als Kriegsgefangenenlager; diesmal für russische und französische Offiziere und Soldaten. Darüber hinaus waren bereits 1905 ein »Erholungsheim für Mitglieder des Königlich Sächsischen Militärvereinsbundes« in der Kaserne B und 1907 ein »Genesungsheim für Familienmitglieder von Angehörigen der Königlich Sächsischen Armee« im Garnisonslazarett eingerichtet worden.

Nachdem sich während der Novemberrevolution ein Festungssoldatenrat konstituiert und vom 15. November 1918 bis 31. März 1919 die Tätigkeit in den Geschäftszimmern überwacht hatte, wurde der Königstein am 26. Mai durch das Ministerium

Russische Offiziere als Kriegsgefangene auf der Festung Königstein
im Ersten Weltkrieg

für Militärwesen dem Reichswehrkommando unterstellt. Dieses ließ die Festung noch einmal für einige Wochen armieren, um sie »gegen inneren und äußeren Feind zu halten« und bei »etwaigem tschechischen Einfall in Sachsen feindliche Transporte auf der Elbe und Elbtalbahn zu vernichten«. Am 2. Juli wurde diese Verfügung jedoch bereits wieder aufgehoben und nach Abzug der Reichswehrformationen ein Wachkommando von 80 Mann auf die Festung gelegt. Gleichzeitig diente der Königstein wieder als Zwingburg gegen den inneren Feind. In diesem Fall waren es 50 Funktionäre der KPD und USPD, die wegen geplanten Sturzes der Regierung 1919/20 einsaßen.

In Folge des Versailler Vertrages, der die Niederlage Deutschlands am Ende des Ersten Weltkrieges besiegelte, wurde die Festung im Sommer 1920 desarmiert, d. h. sie musste ihre gesamte Artillerie – 90 leichte, mittlere und schwere Geschütze und 45 Minenwerfer – abliefern. Lediglich 92 Maschinengewehre und vier Minenwerfer durfte sie behalten. Damit war die Festung Königstein artilleristisch wehrlos und hatte ihren eigentlichen,

Ankunft gefangener französischer Offiziere auf dem Bahnhof Königstein 1941

militärischen Sinn verloren. Im August 1921 wurde das Standortkommando der »ehemaligen Festung Königstein« aufgelöst, die Unteroffiziere und Mannschaften kehrten zu ihren Truppenteilen zurück. Die Geschäfte des Standortältesten hatte künftig ein Sanitätsoffizier des im Mai 1921 eingerichteten Kurlazaretts nebenamtlich zu übernehmen. Die Torwache wurde durch Zivilwächter (Arbeiter der Festungsbauverwaltung) besetzt.

In dem Maße, wie die militärische Bedeutung der Festung abnahm, wuchs deren Beliebtheit als Ausflugsziel. Im Juli 1924 zählte man bereits 20 088 Besucher. Unter Ausnutzung leer stehender Wohnungen ließ der Standortälteste im Sommer 1927 ein Urlauberheim für Offiziere und Mannschaften des Reichsheeres und deren Angehörige einrichten. Im Jahre 1930 wurden erste Schritte im Hinblick auf eine festungsgeschichtliche Ausstellung im Neuen Zeughaus unternommen. Gezeigt wurden alte Zeichnungen der Festung, Geschützrohre, Stein- und Eisenkugeln und Bruchstücke alter Steinmetzarbeiten.

Den damals bereits eingeschlagenen Weg zu einem Museum »Festung Königstein« unterbrach der Zweite Weltkrieg. Wie-

Deutscher Wachoffizier und französischer Kriegsgefangener vor dem Alten Zeughaus

derum diente der Königstein als Kriegsgefangenenlager. Zu Beginn des Krieges nahm die Festung polnische Gefangene auf, darunter General Franciszek Kleeberg, Kommandant des letzten Großverbandes der polnischen Armee, der nach der Kapitulation weiterkämpfte. Nach Verlegung dieses Lagers wurde 1941 das »Oflag IV B« (Offiziersgefangenenlager IV B) mit 98 französischen Generälen und Offizieren gebildet. Nach den Richtlinien der Genfer Konvention stand gefangenen Offizieren eine besondere Behandlung zu. Darüber hinaus genossen sie auf dem Königstein weitere Vergünstigungen. In den Unterkünften gab es für jeweils sechs bis sieben Generäle einen Herd, auf dem sie sich zusätzliche Mahlzeiten aus den Lieferungen des Roten Kreuzes oder Sendungen aus der Heimat bereiten konnten. Sie erhielten Deutschunterricht und durften über Lautsprecher die täglichen Heeresberichte hören. Unter Begleitung des Wachoffiziers fanden Spaziergänge außerhalb der Festung, wöchentlich ein Kinobesuch und monatlich sogar ein Tagesausflug statt. Die Zeit vertrieben sich die Gefangenen auch, indem sie im Saal des Alten Zeughauses Theater spielten und musizierten.

Im Sommer 1941 gestattete das Oberkommando der Wehrmacht denjenigen unbewachte Ausflüge, die ihr Offiziersehrenwort gaben, nicht zu fliehen. Es waren nicht wenige, die diese Möglichkeit nutzten. Dennoch gab es bereits Ende 1941 Fluchtversuche

General Giraud (r.) während eines Ausflugs

vom Plateau der Festung aus. Diese waren der unzureichenden Bewachung geschuldet, auf die der Lagerkommandant, Generalleutnant Genthe, die vorgesetzten Dienststellen mehrfach aufmerksam gemacht, doch nie Gehör gefunden hatte. Während die beiden ersten Flüchtigen wieder eingefangen werden konnten, gelang es General Henri Giraud zu entkommen. Am 17. April 1942 hatte er sich im Laufe des Vormittags an der Festungsmauer zwischen Königsnase und Blitzeiche abgeseilt. Die Wachmannschaft musste hart dafür büßen. Sie wurde an die Ostfront geschickt, von der viele Soldaten nicht zurückkehrten. Den Lagerkommandanten verurteilte ein Kriegsgericht zu sechs Monaten Festungshaft, die er in Germersheim absaß. Außer den Kriegsgefangenen barg die Festung Königstein im Zweiten Weltkrieg einen Teil der Dresdner Kunstschätze. Ab 1940 waren nach und nach 17 Gemälde und zehn Pastellbilder, der gesamte Bestand des Grünen Gewölbes und der Gewehrgalerie, die vollständige Kostümsammlung, Kunstkammerstücke und das türkische Zelt – insgesamt 450 Kisten – antransportiert und in den Kasematten an der Südwestseite eingelagert worden. Die Bewachung der Kunstwerke oblag bis Kriegsende Museumsangestellten. Nach Übergabe der Festung an die Rote Armee am 9. Mai 1945 und der Befreiung der Kriegsgefangenen wurden die Kunstwerke in die Sowjetunion überführt. Von dort kehrten sie in den Fünfzigerjahren teilweise restauriert nach Dresden zurück. Ab 1945 diente die Festung Königstein der Roten Armee als Lazarett.

VOM JUGENDWERKHOF ZUM KULTURDENKMAL

Nachdem die Festung 1947/48 »herrenlos« gewesen war, wurde 1949 in ihren Räumlichkeiten ein Jugendwerkhof eingerichtet. In diesem wurden 200 Mädchen und Jungen erzogen und ausgebildet, die durch Kriegs- und Nachkriegszeit zum Teil ihr Zuhause verloren hatten und auf der Straße in Banden lebten. Manche Jugendliche waren auch kriminell geworden. Das Leben im Werkhof war streng reglementiert. Die Heimordnung

Wachposten am Eingang zum Jugendwerkhof

Jugendliche der Lehrwerkstatt Schlosserei des Werkhofs
beim Festumzug am 1. Mai 1955

legte Rechte und Pflichten der Insassen fest. Diese sollten selbstständig denkende und verantwortungsbewusst handelnde Menschen werden, »... Menschen mit einer proletarischen, einer bewussten Disziplin, Verfechter der Einheit Deutschlands und des Friedens in der Welt, Patrioten, Freunde der Sowjetunion und aller anderen friedliebenden Staaten und der Völker, sowie unermüdliche Kämpfer für die Sache des Sozialismus«. Der herrschenden Ideologie entsprechend war die Erziehung stalinistisch geprägt. Äußere Zeichen dafür waren überzogene kollektive politische Arbeit in Form von Appellen, Versammlungen, Wandzeitungen, Wettbewerb in FDJ-Gruppen und täglicher Zeitungsschau sowie das Tragen von Uniformen zu bestimmten Anlässen.

Am 29. Mai 1955 übernahm das Ministerium für Kultur der DDR die Festung Königstein und erklärte sie zum Museum. Am Eröffnungstag überreichten Jugendliche des Werkhofs dem ersten Direktor, dem Historiker Dieter Weber, symbolisch einen in der Schlosserwerkstatt selbst gefertigten überdimensionalen Schlüssel, dessen Nachbildung im Eingangsbereich an der Rückseite des Hornravelins angebracht ist. Damit begann ein neues Kapitel in der Festungsgeschichte.

Die anfangs sehr kleine Zahl von Museumsangestellten war bemüht, den Besuchern die einzelnen Gebäude zugänglich zu machen und Ausstellungen zu zeigen. Wie schon 100 Jahre zuvor wurden die Besucher von Festungshandwerkern auf dem Rundgang geführt. In den folgenden Jahrzehnten konnten trotz großer organisatorischer Schwierigkeiten folgende Gebäude nutzbar gemacht werden: Altes Zeughaus, Neues Zeughaus, Brunnenhaus, Schatzhaus, Alte Kaserne, Georgenburg, Magdalenenburg, Friedrichsburg, Muntionsladesysteme der Batterien VII und VIII sowie die Kriegskasernen I und III. Außerdem wurde das Stromnetz auf der Festung erdverkabelt, eine kilometerlange Wasserleitung gelegt, welche die Festung an das zentrale Verbundnetz anschloss, und ein neuer Personen- und Lastenaufzug gebaut.

Seit 1991 ist die Festung Königstein Eigentum des Freistaates Sachsen und wird seitdem umfassend saniert. Seit dem Jahr 2000 arbeitet das Museum als GmbH, seit 2003 mit Gemeinnützigkeitsstatus.

Den Besuchern präsentiert sich die Festung als militärhistorisches Freilichtmuseum mit zahlreichen Interieur-, Dauer- und Sonderausstellungen. Unter anderem ist das Militärhistorische Museum der Bundeswehr Dresden in den beiden Zeughäusern mit militärgeschichtlichen Ausstellungen präsent. Von April bis Oktober und an weiteren ausgewählten Tagen kann außerdem die

Standesamt in der Friedrichsburg

Wasserförderung im Brunnenhaus beobachtet werden. Führungen – für Gruppen auf Bestellung – ermöglichen die Besichtigung der Munitionsladesysteme und anderer unterirdischer Räume. Für den selbstständigen Rundgang bietet sich ein Audioguide für Erwachsene in neun Sprachen an. In einem besonderen Audioguide für Kinder führen Max und Marie die jungen Besucher in drei Sprachen durch die Festung. Darüber hinaus organisiert das Unternehmen Veranstaltungen, die den aktuellen Veröffentlichungen zu entnehmen sind. Für das leibliche Wohl sorgen mehrere gastronomische Einrichtungen, u. a. das neu gestaltete Offizierskasino und eine historische Backstube. Ein umfangreiches Sortiment an Informationsmaterial und Souvenirs hält der Museumsshop bereit.

Die gGmbH vermietet auf der Festung auch Ferienwohnungen und verschiedene Räume für private und geschäftliche Feierlichkeiten, Seminare usw. Für Paare, die sich an einem außergewöhnlichen Ort das Jawort geben wollen, stehen die Friedrichsburg und die Garnisonskirche zur Verfügung.

ERLÄUTERUNGEN ZUM RUNDGANG

(Die Nummerierung bezieht sich auf den aktuellen Lageplan S. 120/121)

1 Rote Brücke: benannt nach den Ziegelmauern; 1792 als einfache Holzbrücke erbaut; wurde im Kriegsfall abgetragen; sicherte den Zugang zu den Niederen äußeren Werken; 1886 Zugbrücke durch Wippbrücke ersetzt (konnte in Sekundenschnelle nach oben geklappt werden).

2 Niedere äußere Werke: ab 1755 mit Unterbrechung bis 1802 erbaut; dienten der flachen Beschießung des Vorgeländes der Festung; wurden im Kriegsfall mit Geschützen armiert.

3 Flèche (Pfeilschanze): als erster Teil der Niederen äußeren Werke 1755/56 erbaut; Zugang über eine Poterne (gedeckte Treppe); 1816 mit einem Verbrauchspulvermagazin versehen.

4 Torravelin: kasemattiertes Außenwerk zur Verteidigung des Festungseingangs; erbaut zwischen 1729 und 1736 nach Plänen Johann Georg Maximilian von Fürstenhoffs; Standort der Torwache; seit 1790 mit »Spanischem Reiter« zusätzlich gesichert.

5 Grabenschere mit Medusentor: mit Zugbrücke (seit 1890 Wippbrücke) versehenes, kasemattiertes Außenwerk zur Verteidigung des Festungseingangs; erbaut zwischen 1729 und 1736 nach Plänen Johann Georg Maximilian von Fürstenhoffs; Medusenhaupt: Ungeheuer der griechischen Mythologie, sollte symbolisch Feinde abschrecken; Medusentor gekrönt von einem königlich-polnischen, kurfürstlich-sächsischen Wappen; an der Rückseite der Grabenschere Rampe zum Transport von Kanonen auf das Werk.

6 Trockengraben mit Holzrampe: Rampe im Kriegsfall schnell abzutragen; oberer Teil ursprünglich mit Zugbrücke, ab 1892 mit Wippbrücke versehen.

7 Torhaus: zweifach geknicktes Gebäude, dessen südlicher Teil als Kommandantenhaus bezeichnet wird; 1589 ff. nach Plänen Paul Buchners über dem Aufgang zum Plateau erbaut; Obergeschosse für Wohnzwecke, Keller mit Schießscharten zur Verteidigung genutzt; Portal zwischen 1729 und 1736 verändert, Relief Augusts des Starken 1910 hinzugefügt (Bildhauer Otto Panzner); Zugang zur Dunklen Appareille (Aufgang; zwischen 1729 und 1736 vertieft), dort verschiedene Verteidigungsanlagen: Steinschmeiße, Pechnase, Balkenpfalze, eisernes Tor, Fallpalisade und Caponnière (vgl. Pkt.12).

8 Kommandantenhaus: Teil des Torhauses; Wohnung des Kommandanten und seiner Familie.

9 Streichwehr: schließt sich in nördlicher Richtung an das Torhaus an; stellt die Verbindung zur Georgenburg her; erbaut 1589 ff. nach Plänen Paul Buchners zur »Bestreichung« (Beschießung) des Eingangsbereiches; Keller nahmen Geschütze auf; Schießscharten inzwischen zugemauert; Obergeschosse früher bewohnt.

10 Georgenburg: im Mittelalter als Kaiserburg (mit Bezug zu Kaiser Karl IV.) bezeichneter Teil der Burganlage (vgl. spätgotische Vorhangbogenfenster); später umgebaut und 1619 als Johann-Georgenburg im Renaissancestil neu eingeweiht; anfangs als Jagdschlösschen, später als Staatsgefängnis genutzt.

11 Georgenbatterie: 1669 bis 1679 unter Leitung Wolf Caspar von Klengels zur Verteidigung der Zufahrt erbaut; Rampe diente dem Transport von Geschützen auf die Batterie.

12 Neues Zeughaus: 1631 als Johannissaal (Heldensaal) mit Längsachse über der Dunklen Appareille errichtet; Festsaal, der gleichzeitig Verteidigungszwecken diente; deshalb Fußboden ursprünglich mit Falltüren versehen; im Kellergeschoss Caponnière (Gang mit Schießscharten zur Verteidigung des Aufganges); nach Brand 1816 Wiederaufbau als Neues Zeughaus.

13 Augustusplatz: 1815 zu Ehren des ersten sächsischen Königs Friedrich August angelegt.

14 Brunnenhaus: 1735/37 unter Leitung Jean de Bodts errichtet; über dem Brunnen ein bis zu 4 Meter starkes beschussfestes Sandsteingewölbe; 1889 Einbau einer auf Eisenträgern ruhenden Stampfbetondecke zum zusätzlichen Schutz des Brunnens; Brunnen: 1563 bis 1569 von Freiberger und Marienberger Bergleuten unter Leitung von Martin Planer abgeteuft; Tiefe: 152,5 Meter; Wasserförderung anfangs mittels Göpelwerk, später Tretrad, ab 1871 Dampfmaschine, ab 1912 Elektromotor; 1967 stillgelegt; im Sommerhalbjahr täglich Schauvorführungen.

15 Magdalenenburg / Proviantmagazin: 1621/22 als Renaissanceschlösschen erbaut, diente es der Unterbringung des Hofes und als Provianthaus; im Keller lagerte von 1725 bis 1819 das 238 000 Liter fassende Weinfass Augusts des Starken; 1819 Umbau zum bombenfesten Proviantmagazin.

16 Garnisonskirche: ursprünglich romanische Burgkapelle; nach 1515 als Klosterkirche genutzt; nach Instandsetzung 1676 Weihe als Sankt-Georgskapelle und erste Garnisonskirche in Sachsen; 1681 Anbau des Turms; weitere Um- und Anbauten im 18., 19. und 20. Jahrhundert; nach umfangreicher Sanierung im Jahr 2000 Wiederindienstnahme als evangelische Kirche.

17 Alte Kaserne: erbaut 1589/90 nach Plänen Paul Buchners; 112 Meter lang; Räume in doppelter Reihe angeordnet; ursprünglich jeweils zwei Räume von einer Soldatenfamilie bewohnt; 1715/16 halbseitig aufgestockt.

18 Paradeplatz

19 Schatzhaus: erbaut 1854/55 in Form eines Pulvermagazins des 18. Jahrhunderts; beschussfest; diente der Aufbewahrung des sächsischen Staatsschatzes in unruhigen Zeiten; Wände und Deckengewölbe bis 1,80 Meter stark; mit Ventilationskanälen zur Belüftung versehen; unterkellert; Eingang ursprünglich durch dreifache Tür gesichert.

20 Nutzgarten: zur Selbstversorgung der Soldatenfamilien.

LAGEPLAN (AKTUELL)

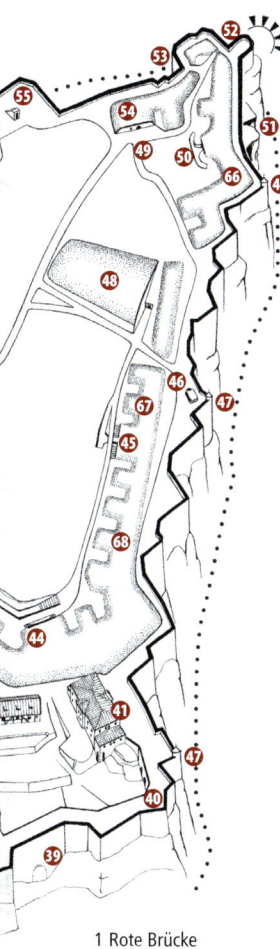

14 Brunnenhaus
15 Magdalenenburg / Proviantmagazin
16 Garnisonskirche
17 Alte Kaserne
18 Paradeplatz
19 Schatzhaus
20 Nutzgarten
21 Hauptwache
22 Kommandantenpferdestall
23 Kommandantengarten
24 Mannschaftsbaracke
25 Exerzierplatz
26 Munitionsladesystem
27 Artillerieuntertreteraum IX
28 Horn mit Seigerturm
29 Kaserne IV
30 Hempels Eck
31 Kriegskaserne III
32 Personen- und Lastenaufzug
33 Kranichplateau
34 Bäckereikasematten
35 Kriegskaserne II
36 Offizierskasino
37 Reste einer Abortanlage
38 Altes Zeughaus
39 ehemaliger Burgeingang
40 Zobels Eck
41 Friedenslazarett
42 Artillerieschuppen
43 Kriegskaserne I
44 Munitionsladesystem
45 Artillerieuntertreteraum VI
46 Pestkasematte
47 Wachtürme
48 Kriegspulvermagazin
49 Katholische Kapelle
50 Artillerieuntertreteraum V
51 Abratzky-Kamin
52 Königsnase
53 Abstiegsstelle des Generals Giraud
54 Schatzkasematte
55 Blitzeichenplateau
56 Friedrichsburg
57 Geschossmagazin
58 Parkzisterne
59 Kriegslazarett
60 Kaserne B
61 Artillerieuntertreteraum I
62 Hungerturm / Rößchen
63 – 70 Batteriestellungen 1 – 8

…… Patrouillenweg

1 Rote Brücke
2 Niedere äußere Werke
3 Flèche (Pfeilschanze)
4 Torravelin
5 Grabenschere mit Medusentor
6 Trockengraben mit Holzrampe
7 Torhaus
8 Kommandantenhaus /
 Teil des Torhauses
9 Streichwehr
10 Georgenburg
11 Georgenbatterie
12 Neues Zeughaus
13 Augustusplatz

21 Hauptwache mit Arrestlokal: nach Abriss der Kasernen C, D, E und F 1883 erbaut.

22 Kommandantenpferdestall: Teil des 1828 errichteten Stallgebäudes.

23 Kommandantengarten: Ziergarten der Kommandantenfamilie; diente der Entspannung und Repräsentation.

24 Mannschaftsbaracke: 1899 zur Unterbringung von Infanteristen erbaut.

25 Exerzierplatz: 1892 nach Abriss der Kasernen C, D, E und F angelegt.

26 Munitionsladesystem: unterirdischer Hohlbau; errichtet 1889 bis 1891 unter Leitung des Ingenieur-Offiziers von Scheibner; diente der Vorbereitung des für die Artillerie der Batterie VIII nötigen Tagesbedarfs an Munition; bestehend aus Verbrauchspulvermagazin, Verbrauchsgeschossmagazin, Ladestelle und Feuerwerkslaboratorium.

27 Artillerieuntertreteraum IX: Schutzhohlraum für die Artilleriemannschaft.

28 Horn mit Seigerturm: Felsvorsprung an der Westseite mit Beobachtungsturm; dieser 1601 erbaut, versehen mit Sonnenuhr und Seigerschelle zum Nachschlagen der Viertel- und vollen Stunden; darunter die Hornkasematten: Anfang des 19. Jh. entstandene, beschussfeste Räume zur Unterbringung der Garnison im Belagerungsfall.

29 Kaserne IV: Teil der zwischen 1767 und 1832 errichteten Kasemattenanlage; diente der Unterbringung von Soldaten, Kriegsgefangenen, Militärgefangenen und der Verteidigung.

30 Hempels Eck: am weitesten nach Westen ragender Felsvorsprung der Festung.

31 Kriegskaserne III: Kasemattenabschnitt zwischen altem Lastenaufzug und Hempels Eck; 1884/85 nach Abbruch älterer Kasematten beschussfest errichtet; 1887 von der Infanteriebesatzung bezogen.

32 Personen- und Lastenaufzug: erbaut 1967/70, löste den alten Lastenaufzug an der Außenmauer ab.

33 Kranichplateau: obere Station des 2005 erbauten Panoramaaufzuges; darunter die Kranichkasematte; diese ab 1589 Standort des »Kranichs« – eines mittels Tretrad, später Dampfmaschine, zuletzt Elektromotor angetriebenen Lastenaufzuges; dieser bis 1970 in Betrieb.

34 Bäckereikasematten: erbaut nach 1589; Bäckerei nachweisbar seit dem 18. Jahrhundert; 1892 mit beschussfestem Vorbau versehen, bis 1945 genutzt.

35 Kriegskaserne II: erbaut 1880 als erste Kasemattenanlage der letzten Bauperiode; beschussfest durch Deckung aus einem 1 Meter starken Ziegelgewölbe, auf dem ein ebenso starkes Sandpolster und darüber eine 1 Meter starke Granitbetonschicht sowie eine Erddeckung liegen; diente der Unterbringung der Artilleriekriegskommandantur.

36 Offizierskasino: ehemals Fleischerei und Fleischerwohnung, ab 1895 Offizierskasino, später auch Speiseanstalt für die Mannschaften und öffentlicher Ausschank; heute Restaurant.

37 Reste einer Abortanlage: aus dem 19. Jahrhundert.

38 Altes Zeughaus: erbaut 1594 im Stil der Renaissance; diente der Aufbewahrung von Waffen und Kriegsgerät aller Art, außer Pulver; Saal im Erdgeschoss mit Kreuzgewölben und toskanischen Säulen geschmückt; im Obergeschoss nach 1871 Einbau von Zellen zur Unterbringung von Zivilgefangenen.

39 Ehemaliger Burgeingang: Tor in der Festungsmauer an der Südseite; Entstehungszeit unbekannt; nach 1589 zugesetzt.

40 Zobels Eck: am weitesten nach Süden ragender Felsvorsprung der Festung.

41 Friedenslazarett: ehemaliges Garnisonslazarett, erbaut 1878; nach Errichtung des Kriegslazaretts umbenannt in Friedenslazarett; genutzt auch als Genesungsheim für Armeeangehörige und deren Familienmitglieder sowie zur Unterbringung von

Kriegsgefangenen im Zweiten Weltkrieg (u. a. General Henri Giraud).

42 Artillerieschuppen: zum Unterstellen von Holzlafetten und Artilleriewagen.

43 Kriegskaserne I: 1888/89 unter Leitung des Ingenieur-Offiziers von Scheibner errichtet und 1890 von der Artilleriemannschaft bezogen; bestehend aus zehn gewölbten Räumen und einem Kommunikationsgang; beschussfest durch 5 Meter starke Schicht aus Sandsteingewölben, Sandpolster, Granitbeton und Erddeckung.

44 Munitionsladesystem der Batterie VII: unterirdischer Hohlraum zur Fertigung des Tagesbedarfs an Munition; in unmittelbarer Verbindung mit der Kriegskaserne I 1887/90 errichtet; bestehend aus Verbrauchsgeschossmagazin, Verbrauchspulvermagazin und Ladestelle; Eingang als Artillerieuntertreteraum beschussfest gebaut.

45 Artillerieuntertreteraum VI: Schutzhohlraum für die Artilleriemannschaft.

46 Pestkasematte: natürliche Felsspalte, die nach 1680 zur Kasematte ausgebaut wurde; ursprünglich zur Isolierung von Pestkranken gedacht; derartige Nutzung jedoch nicht nachgewiesen; Ende des 19. Jahrhunderts zum Artilleriebeobachtungsstand umgebaut und mit Erddeckung versehen.

47 Wachtürme: Beobachtungs- und Flankierungstürme; zusammen mit der Brustwehr nach 1600 erbaut.

48 Kriegspulvermagazin: 1889/91 nach Abriss des ummantelten Pulvermagazins Nr. 5 an dessen Stelle als große beschussfeste unterirdische Kasematte zur Pulverlagerung im Kriegsfall errichtet.

49 Katholische Kapelle: Reste eines 1737 erbauten Artillerielaboratoriums, das 1880 zur katholischen Kapelle umgebaut worden ist; nach 1945 zerstört.

50 Artillerieuntertreteraum V: Schutzhohlraum für die Artilleriemannschaft.

51 Abratzky-Kamin: Felsspalte, in welcher der Schornsteinfegergeselle Sebastian Abratzky 1848 unbefugt den Königstein erkletterte.

52 Königsnase: am weitesten nach Osten ragender Felsvorsprung; Aussicht auf die Stadt Königstein an der Elbe; von hier aus während des Dreißigjährigen Krieges (1639) Abgabe eines Schusses auf das Quartier der Schweden in Königstein, worauf diese die Stadt plünderten und in Brand steckten; gegenüber Lilienstein mit Ebenheit, auf der zu Beginn des Siebenjährigen Krieges (1756) die Gefangennahme der sächsischen Armee durch die Armee Friedrichs II. von Preußen erfolgte; 1813 befestigtes Heerlager der napoleonischen Armee; Eisenbahnlinie 1848 bis 1851 erbaut; sie war von strategischer Bedeutung und Grund für den Ausbau der Festung zum Sperrfort des Deutschen Reiches Ende des 19. Jahrhunderts.

53 Abstiegsstelle des französischen Generals Giraud, dem 1942 die Flucht aus dem Kriegsgefangenenlager auf dem Königstein gelang.

54 Schatzkasematte: 1853 durch Umbau einer Kasemattenanlage aus dem Jahre 1804 geschaffen; bestehend aus drei unterirdischen Tonnengewölben; 1884 Errichtung einer Hohltraverse über der Schatzkasematte als neuer Eingang und Artillerieuntertreteraum; zuletzt als Munitionslager genutzt.

55 Blitzeichenplateau: ehemals Standort einer 300 Jahre alten Eiche, in die oft der Blitz einschlug; darunter die Rosenkasematte: im 18. Jahrhundert errichtet und Ende des 19. Jahrhunderts zum Artilleriebeobachtungsstand umgebaut.

56 Friedrichsburg: 1589 nach Plänen Paul Buchners als Beobachtungs- und Flankierungsturm erbaut; Erdgeschoss ursprünglich Standort von Geschützen; Obergeschoss bis 1731 über Wendelstein zugänglich und als Festsaal genutzt; 1731 Umbau zum barocken Pavillon mit doppelläufiger Freitreppe; im Erdgeschoss herrschaftliche Küche mit Maschinentafel, die 1744 durch Blitzschlag zerstört wurde.

57 Geschossmagazin / ehemaliges Kriegspulvermagazin Nr. 2: innerer Raum als eines von sechs Pulvermagazinen nach Plänen Jean de Bodts 1735/36 erbaut; 1876 wegen des verbesserten Flachfeuers mit Erde ummantelt; nach Einführung der Brisanzmunition 1883 nicht mehr sicher, deshalb nur noch zur Lagerung ungeladener Geschosse genutzt.

58 Parkzisterne: eine von fünf Zisternen, die zum Sammeln von Regenwasser als Brauchwasser diente; existierte wahrscheinlich schon im Mittelalter; Fassungsvermögen: ca. 1500 Kubikmeter Wasser; ringsum mit Sickerschicht als Filter umgeben; Dach zum Schutz vor Verunreinigung; heute noch wichtig als Löschwasservorrat.

59 Kriegslazarett: erbaut 1891/93 unter Leitung des Ingenieur-Offiziers von Scheibner zur Versorgung der Verwundeten im Kriegsfall; eingeschossiger, beschussfester Kasemattenbau mit fünf Räumen, die durch einen Kommunikationsgang verbunden sind; erster und einziger Kasemattenbau mit Monierdeckung (Stahlbetongewölbe von 0,20 Meter Stärke, darüber ein 1 Meter starkes Sandpolster, 1,20 Meter Beton und 1 Meter Erde) auf der Festung Königstein.

60 Kaserne B: 1897 zur Unterbringung verheirateter Unteroffiziere erbaut; genutzt auch als Erholungsheim für Mitglieder des Militärvereinsbundes und als Kurlazarett.

61 Artillerieuntertreteraum I: Schutzhohlraum für die Artilleriemannschaft.

62 Hungerturm / Rößchen: vermutlich Beobachtungsturm aus der Zeit der Burganlage; Herkunft des Namens unbekannt.

63 – 70 Batteriestellungen 1 – 8: erbaut 1871 bis 1895 von französischen Kriegsgefangenen und Militärstrafgefangenen zur Rundumverteidigung der Festung; jeweils aus mehreren Geschützständen bestehend.

Patrouillenweg: 1805 für Patrouillengänge und Baukontrollen angelegt.

AUSGEWÄHLTE QUELLEN UND LITERATUR

Chronik der Festung Königstein. 1.–3. Teil, Maschinenschrift, gebunden, Festung Königstein gGmbH.

Gefangenenverzeichnis der Festung Königstein. Maschinenschrift, gebunden, Festung Königstein gGmbH.

Sächsisches Staatsarchiv, Risse, Schrank IV, Fach 52, Nr. 7, 96 Baupläne der Festung Königstein.

Dienst-Reglement für die Festung Königstein im Friedensstande. Dresden, 1846.

Garnisonbestimmungen für die Festung Königstein. Dresden, 1907.

Abratzky, Sebastian: Die einzige Ersteigung der Festung Königstein durch Sebastian Abratzky. Zerbst, 1886.

Czok, Karl (Hg.): Geschichte Sachsens. Weimar, 1989.

Fuchs, Karl: Advokat Moßdorf's und Nudelmüller Bertholdy's Gefangenschaft und Tod. Dresden, 1848.

Groß, Reiner: Ein königlich sächsischer Mordfall. In: Bock / Heise (Hg.): Unzeit des Biedermeiers. Leipzig, 1985.

Heckel, Christian: Historische Beschreibung der Weltberühmten Festung Königstein. Magdeburg, 1737.

Klemm, Albert: Der Königstein in alter und neuer Zeit. Leipzig, 1905.

Kroitzsch, Klaus: Napoleonschanzen und Kanonenkugeln. Schriftenreihe des Stadtmuseums Pirna, Heft 6, Pirna, 1987.

Loesch, Perk: Ausgewählte Beiträge zur Bau- und Kulturgeschichte von Georgenburg und Streichwehr auf der Festung Königstein. Abschlussarbeit an der Fachschule für Museologie Leipzig, Maschinenschrift, gebunden, 1978.

Manitius, August Siegesmund: Die Festung Königstein im Königreiche Sachsen … Dresden, 1860.

Mertens, Klaus: Die romanische Kapelle auf der Festung Königstein. In: Wiss. Zs. der Techn. Univ. Dresden, 12 (1963), Heft 5.

Röckel, August: Sachsens Erhebung und das Zuchthaus Waldheim. Frankfurt a. M., 1865.

Scholze, Joachim: Die Bergfestung Königstein. Manuskript, gebunden, Dresden, 1987.

Schuster, Heinrich: Die Baugeschichte der Festung Königstein. Berlin / Stuttgart, 1926.

Taube, Angelika: Wolf Dietrich von Beichlingen (1665–1725). Phil. Dis., Leipzig, 1988.

Vogel, Richard: Gebiet Königstein Sächsische Schweiz. In: Werte unserer Heimat. Bd. 1, Berlin, 1985.

WAS MAN WISSEN SOLLTE

Adresse

    Festung Königstein gGmbH
    01824 Königstein
    Telefon (03 50 21) 64-607
    Fax (03 50 21) 64-609
    E-Mail: info@festung-koenigstein.de
    Internet: www.festung-koenigstein.de

Öffnungszeiten

    April – Oktober: täglich 9 – 18 Uhr
    November – März: täglich 9 – 17 Uhr
    Schließtag: 24. Dezember

Anfahrt

    von Leipzig: A 14 / A 4 / A 17 – Abfahrt Pirna / Bad Schandau
    von Chemnitz: A 4 / A 17 – Abfahrt Pirna / Bad Schandau
    von Berlin: A 13 / A 4 / A 17 – Abfahrt Pirna / Bad Schandau
    von Dresden: A 17 – Abfahrt Pirna / Bad Schandau

Führungen

    nach Vorbestellung
    April – Oktober mehrmals täglich zu festen Zeiten

Service

    Personen- und Lastenaufzug, Audioguide, Museumsshop
    Gastronomie: Tel. (03 50 21) 64 444, www.festung.com,
                E-Mail: festung@t-online.de
    Veranstaltungen siehe Veranstaltungskalender
    Vermietungen